Abenteuer ESKAPADEN

AUSZEIT   AUSGLEICH

Wochenende   LÄCHELN

STADT.LAND.FLUSS.   LEICHTIG-
FREE   -KEIT
ERLEBEN

GRÜN Kleine
Fluchten

Wege   NATUR
Lebensfreude
GLÜCK   von Katrin Jäger

ABSTECHER
AB SEITE 8

AUSFLÜGE
AB SEITE 90

MINIURLAUB
AB SEITE 172

Nur ein paar Stündchen

Nix wie raus, ganz schnell ins Grüne. Auch mit wenig Zeit lässt sich Großartiges erleben. Kleine und große Abenteuer warten direkt vor der Haustür.

4 H

Raus für einen Tag

Man muss nicht das Land verlassen, um neue Welten zu entdecken. Einfach mal einen Tag raus aus dem Alltagsallerlei und rein in die Natur.

12 H

Ferien für ein Wochenende

Warum auf die große Auszeit warten, wenn man einen Wochenendtrip in der Nähe machen kann? Vergnügen, Abenteuer und Wohlgefühl kompakt und intensiv.

36 H

LIEBE LESERIN, LIEBER LESER,

das Münsterland beruhigt, entschleunigt und überrascht. Grün ist es hier, die Landschaft ist geprägt durch Felder, Wiesen, Heide, Moor und endlose Pättkes. Flüsse, Seen, Kirchen, Wasserburgen und Bauernhofcafés liegen am Wegesrand, alte Obstbäume wachsen neben Pferde- und Kuhweiden. Wer genau hinschaut, entdeckt auch die unbekannten Seiten des Münsterlandes: exotische Flamingos, aufregende Industriekultur, kleine Häfen, sportliches Wakeboarden und eine der lebenswertesten Städte der Welt. Also: Fahrradkette ölen, Wanderschuhe anziehen, Augen auf – und ab ins Abenteuer!

Viele spannende und entspannende Eskapaden im Münsterland wünsche ich Ihnen, dir und euch

Katrin Jäger

PS: Informationen zum GPX-Download gibt's auf Seite 224.

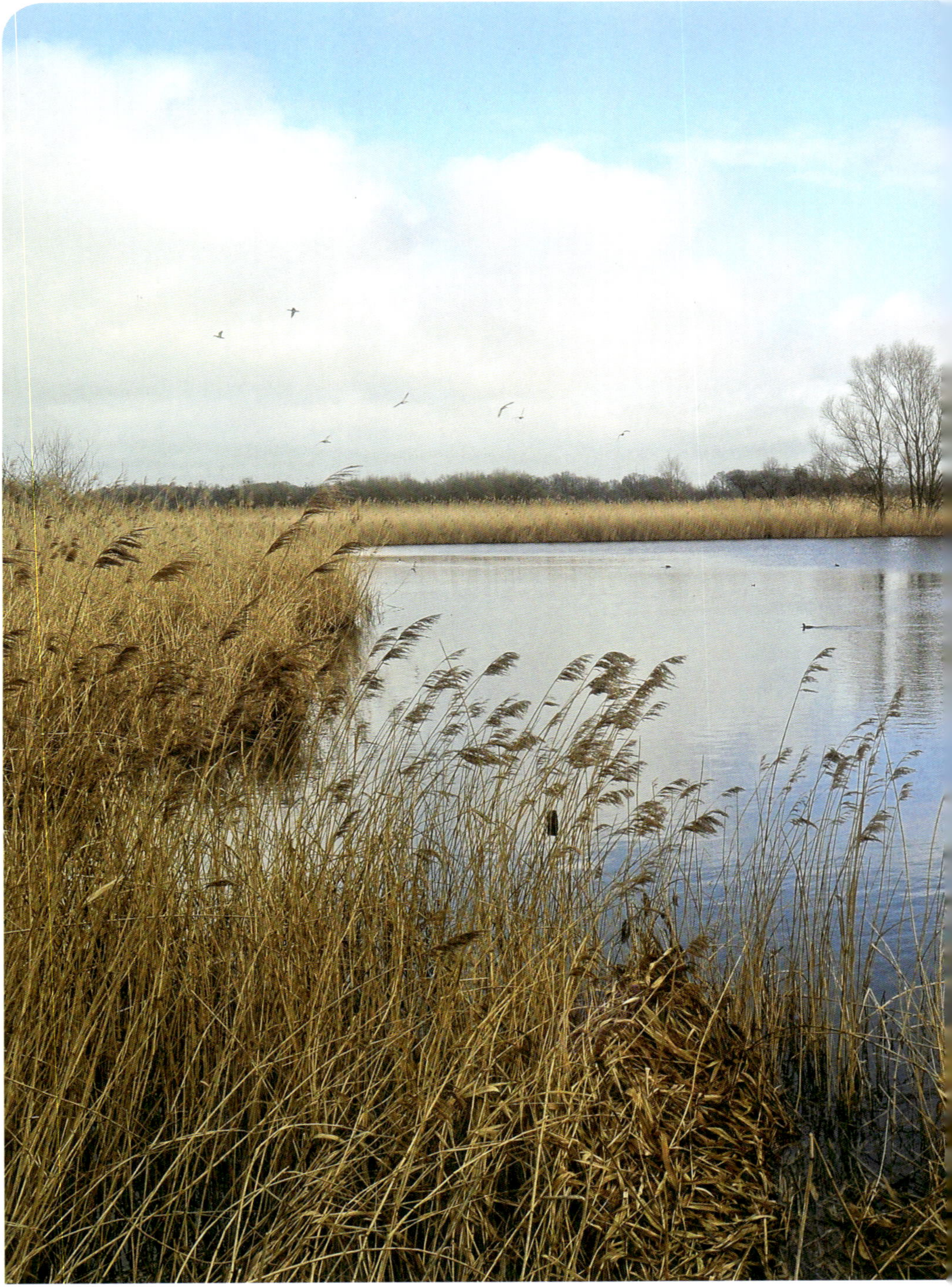

AUSZEIT. ABENTEUER. LEBENSFREUDE.

1. KAPITEL
ABSTECHER

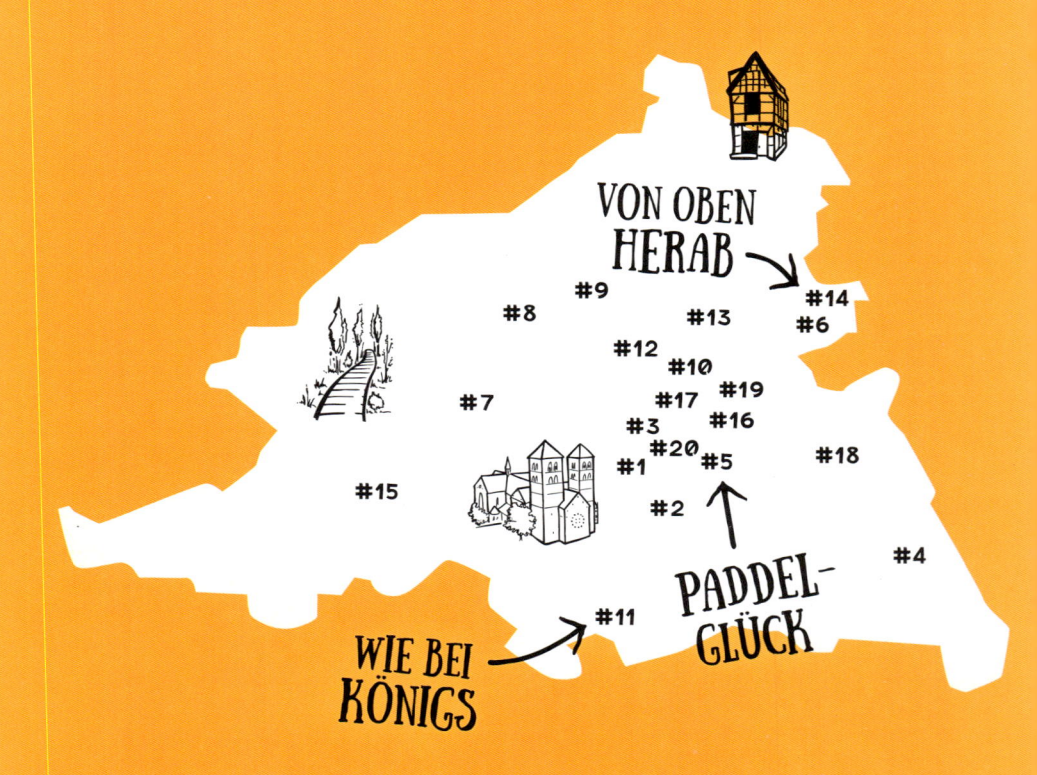

VON OBEN HERAB → #14

#9
#8
#13
#6
#12
#10
#7
#17 #19
#3 #16
#1 #20 #5 #18
#2
#15
#4

#11

WIE BEI KÖNIGS

PADDEL-GLÜCK

Nur ein paar Stündchen

Barfuß durch einen Bach waten, Baumwipfel von oben betrachten oder ein wunderschönes Schloss entdecken – die kleine Auszeit ist ganz nah.

4 H

#1	… um den Münsteraner Aasee	Seite 10
#2	… am Hiltruper See	Seite 14
#3	… durch den Botanischen Garten	Seite 18
#4	… im Vierjahreszeitenpark	Seite 22
#5	… an der Werse	Seite 26
#6	… im Barfußpark Lienen	Seite 30
#7	… beim Wasserschloss Darfeld	Seite 34
#8	… im Park Bagno	Seite 38
#9	… im Emsdettener Stadtpark	Seite 42
#10	… in den Bockholter Bergen	Seite 46
#11	… im Schlosspark von Nordkirchen	Seite 50
#12	… am Grevener Flussufer	Seite 54
#13	… der Jakobsweg bei Schmedehausen	Seite 58
#14	… auf dem Baumwipfelpfad in Bad Iburg	Seite 62
#15	… durchs Gescher Hochmoor	Seite 66
#16	… auf dem Waldfriedhof Lauheide	Seite 70
#17	… in den Rieselfeldern	Seite 74
#18	… in Warendorf	Seite 78
#19	… in den Auen von Ems und Bever	Seite 82
#20	… durch Münster	Seite 86

RUNDE SACHE

≥ ... um den Münsteraner Aasee ≤

#1

Will man den Charme der Studenten- und Beamtenstadt Münster begreifen, muss man einen Spaziergang um den Aasee machen. Hier treffen sich vor ein paar Segeljollen und künstlerisch wertvollen Betonkugeln Jung und Alt, Jogger und Spaziergänger – und alle wirken irgendwie entspannt.

#lässig #kurzundgut #typischMünster

→ ABSTECHER…

Einige Pfade laden zum Abschweifen von der gemütlichen Seerunde ins Naturschutzgebiet ein.

Von wegen »Gib uns die Kugeln!« Als der Künstler Claes Oldenburg 1977 seine Skulptur »Giant Pool Balls« direkt am Nordufer des Aasees platzierte, wollten die Münsteraner sie eigentlich gar nicht haben. Jetzt sind sie DAS Wahrzeichen des einst künstlich angelegten Stausees, der zusammen mit der großzügigen Grünanlage im Jahr 2009 zum schönsten Park Europas gekürt wurde. Die kugelsichere Runde beginnt am Zentralfriedhof in der Annette-Allee, weil man dort gratis parken kann (wenn man nicht zu spät anreist).

Der Weg um einen See ist meist selbsterklärend, was auch diese Runde zu einem wirklich entspannten Spaziergang macht. Man geht einfach Richtung Wasser und hält sich dann rechts. Sobald sich die Sonne blicken lässt, sollte man am Rand des Weges laufen. Immer wieder kommen Jogger vorbei, die in Münster allgegenwärtigen Radler haben hier – zumindest offiziell – keine freie Fahrt. Links liegt der See mit einem Steg, auf dem sich gerne Hochzeitsgesellschaften fotografieren lassen, rechts stehen mächtige Bäume auf weitläu-

Der Aasee ist nicht nur ein beliebtes Spazierrevier, er war auch schon Drehort für eine komische Verfolgungsjagd mit einem Tretboot: Der Münster-Tatort lässt grüßen.

figen Wiesen. Skulpturen säumen den Weg, QR-Codes auf kleinen Schildern erklären dem Interessierten, was hier zu sehen ist.

Wer viel Zeit hat, kann spannende Abstecher machen. Der Aaseepark grenzt an das Freilichtmuseum Mühlenhof, in dem man in die westfälische Vergangenheit eintauchen kann, und an das Naturkundemuseum mit seinem Planetarium. Hier werden auch Konzerte, Musikshows und Lesungen veranstaltet. Es wird ein kleiner Seitenarm überquert, der zum Gelände des Allwetterzoos gehört. Manchmal kann man hier Dschungelgeräusche hören. Der Seitenwechsel zum Ufer gegenüber erfolgt über eine weitere Brücke. Wer mag, kann noch einen Abstecher machen und den etwas wilderen Teil des Aasees kennenlernen.

Auf der östlichen Seeseite liegt der Segelclub Hansa-Münster, der ein wenig Jachthafenstimmung aufkommen lässt. Dort kann man im Restaurant La Vela pausieren. Vorbei an einem schön angelegten Kinderspielplatz passiert man, weiter auf dem Modersohnweg bleibend, die Aula am Aasee. Hier steigt die Studentendichte merklich an. Weiter zu den Betonkugeln, in deren Nachbarschaft sich junge Leute und Familien auf Picknickdecken niederlassen. Abends geht es oft ein bisschen wilder zu, die Müllberge nach gemütlichen Gelagen sind auch im gepflegten Münster ein ärgerliches Problem.

Die Runde ist fast vollendet. Nach einer guten Stunde könnte man Pause machen. Doch die Besucher stapeln sich regelrecht auf den

Aaseeterrassen. Jeder will einen Platz an der Sonne mit Blick auf die weißen Segel- und Tretboote, die von hier aus in See stechen. Maritimes Flair in Westfalen ist eben selten – und deshalb etwas ganz Besonderes. Man fühlt sich gleich wie im Urlaub.

FAZIT: ENTSCHLEUNIGUNG MITTEN IN DER STADT MÜNSTER.

Hin & weg: Mit Bus 14 bis Goldene Brücke/Aasee oder Aegidiitor, mit Bus 10 bis Bismarckallee, Jugendgästehaus Aasee, Huberstraße, Bonhoefferstraße oder Vorländerweg. Mit dem Auto parken am Zentralfriedhof, Annette-Allee oder Hotel Mövenpick.

Dauer & Strecke: Rund 1,5 Std., 5 km, gemütlich, ohne Steigungen.

Beste Zeit: Frühling.

Ausrüstung: Smartphone zum Lesen der QR-Codes.

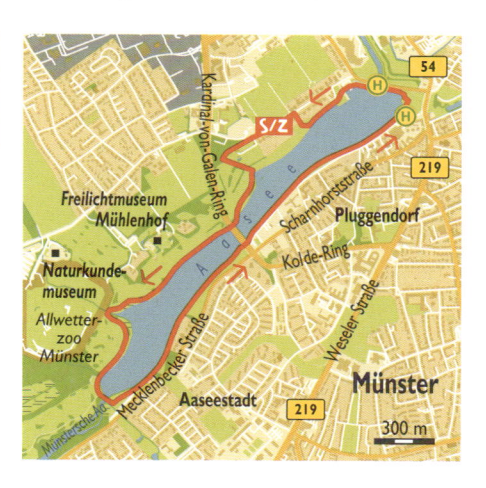

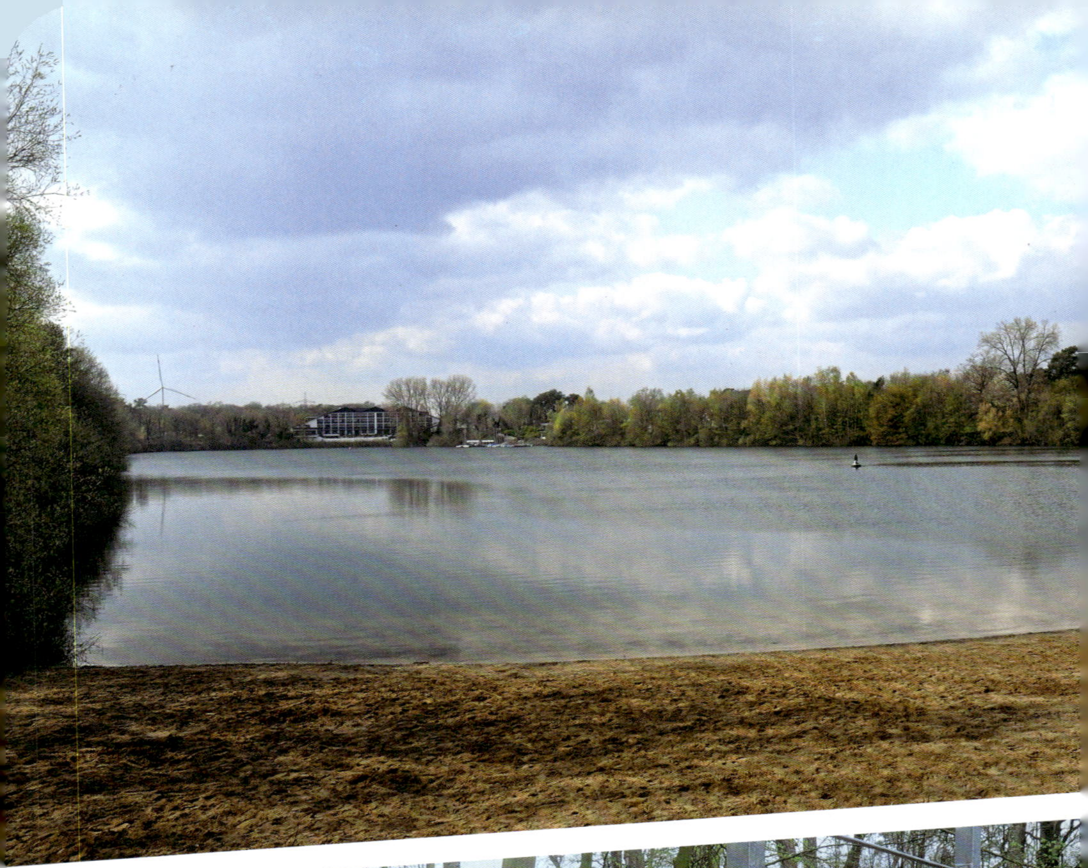

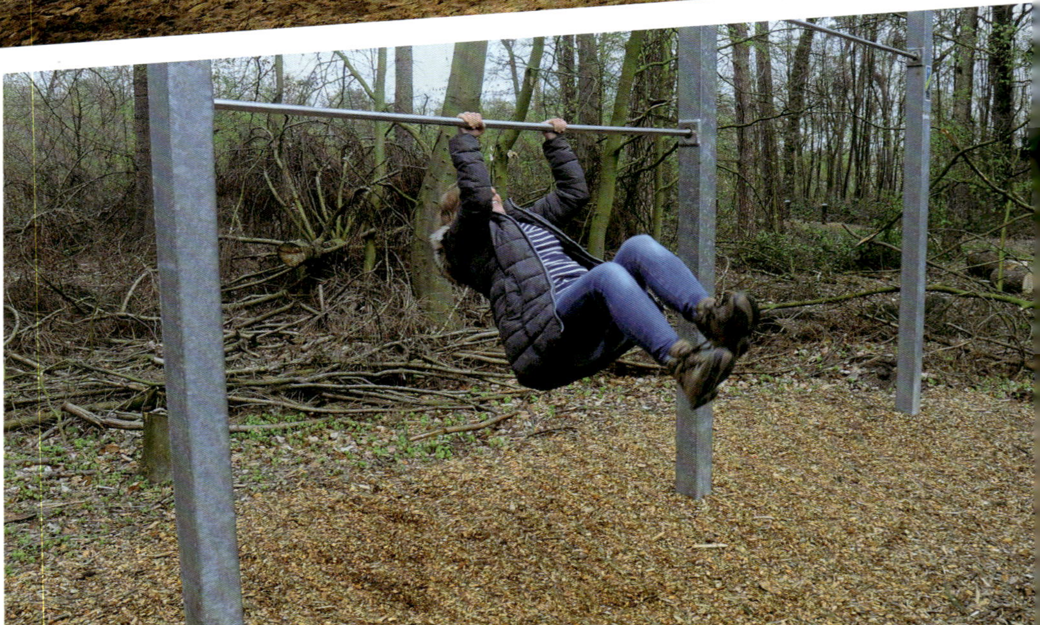

→ ABSTECHER ...

WALD UND SEE – JUCHHE!

→ ... Sporteln und Spazieren am Hiltruper See ←

 # 2

Im Hiltruper See darf zwar nicht gebadet werden, trotzdem lohnt sich eine kleine Runde um das einst künstlich angelegte Gewässer in Münster-Hiltrup. Gemütliche Spaziergänger, aber auch fleißige Fitnessfans bekommen hübsche Seeblicke, sandige Uferstellen und eine entspannte Urlaubsatmosphäre geboten.

#rundumschön #SportamWegesrand #Aussicht

Quengelfreie Zone: Eine gemütliche Spazierrunde, Spielplätze und ein Waldlehrpfad am Weg – der Hiltruper See eignet sich auch hervorragend für Familienausflüge.

Der Startparkplatz an der Straße Zum Hiltruper See (Hohe Ward 11) grenzt direkt an einen verschlungenen Waldpfad, der einen auf weichem Boden zum See führt. Es geht nach rechts, und man passiert einen sehr großzügig angelegten Spielplatz, der auch Erwachsene einlädt, sich zu bewegen. Reckstangen säumen später den Weg. Wer will, kann also nicht nur die Beine, sondern gleich auch den Rest des Körpers trainieren.

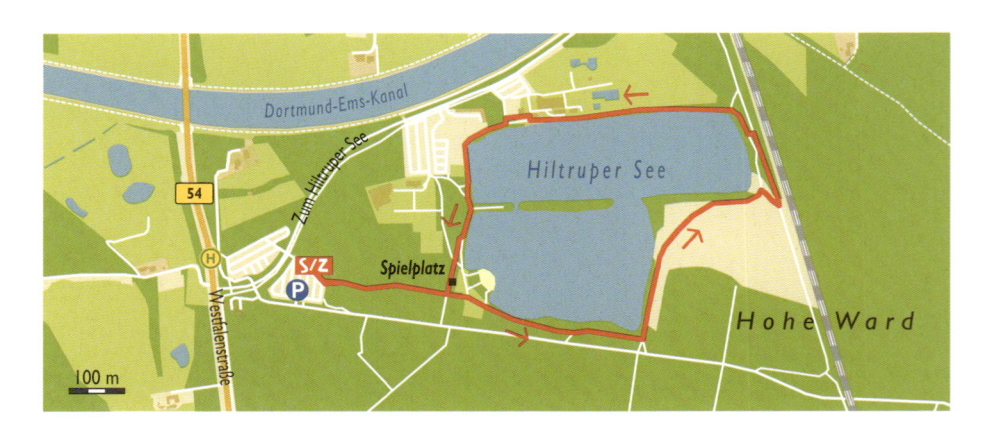

Durch den Sandabbau entstand der See, der auch Steiner See genannt wird. Der erste Pächter war nämlich ein Industrieller namens Steiner.

Schon der erste Blick durch die Bäume ermöglicht die Sicht auf die 16 Hektar große Wasserfläche. Kleine Trampelpfade führen vorbei an Kiefern auf sandigem Boden direkt ans Ufer. Was für hübsche Picknickplätze das sind!

Der Hiltruper See wird übrigens nach seinem ersten Pächter auch Steiner See genannt. Dieser nutzte den durch Sandabbau entstandenen See zwischen 1920 und 1926 zunächst zur Forellenzucht.

Man gelangt zur Südseite des Wassers. Dort eröffnet sich eine weite Heidelandschaft, die zum Naherholungs- und Naturschutzgebiet Hohe Ward gehört. Wer seine Runde erweitern will, kann es hier nach Herzenslust tun. Diese kurze Runde bleibt allerdings dem See treu und steuert auf das Ostufer zu. Hier eröffnet ein kleiner Sandstrand den Blick über den ganzen See. Eine Bank lädt zum Verweilen und Genießen der Natur ein. Gegenüber sieht man das Hotel Krautkrämer und die Boote des Hiltruper Segelclubs.

Vorbei geht es an idyllisch gelegenen Bänken, alten Bäumen und über einen schmalen Weg weiter zu einem Steg, auf dem man, Beine baumelnd, eine Pause einlegen kann, bevor es zurück zum Parkplatz geht. Wer bei so schönen Wasseraussichten Sehnsucht nach einem Sprung ins kühle Nass bekommen hat, muss nicht traurig sein. Am Nordufer des Sees befindet sich das Hiltruper Freibad. Strandkörbe, Palmen und Sonnensegel sorgen dort neben den Schwimmbecken für Urlaubsatmosphäre.

FAZIT: ALLES, WAS EIN SPAZIERGANG AM SEE BRAUCHT.

Hin & weg: Mit Bus 341 bis Hiltrup Steiner See, Münster. Startpunkt ist der Parkplatz direkt an der Straße zum Hiltruper See (Hohe Ward 11).

Dauer & Strecke: 1 Std., die Strecke verläuft 2,6 km auf schönen Naturwegen ohne nennenswerte Schwierigkeiten.

Beste Zeit: An einem lauen Frühlingsabend.

Ausrüstung: Picknickdecke oder Joggingschuhe.

ES GRÜNT SO GRÜN

⇒ ... Bummeln durch den Botanischen Garten ⇐

#3 Direkt hinter Münsters Schloss liegt eine Oase. Im Botanischen Garten wachsen 8000 verschiedene Pflanzenarten. Der entspannte und lehrreiche Parkspaziergang führt dabei durch tropisches Gewächshausklima, die Halbwüste Mexikos, einen Münsterländer Bauerngarten und das Hochgebirge.

#Flowerpower #bombastischeBäume #Weltreise #dufterSpaziergang

→ ABSTECHER

Der Weg in die große, weite Welt der Pflanzen führt mitten durch das Schloss. Meist sind in dem im Stil des Barocks erbauten Gebäude, dessen Architekt einst Conrad Schlaun war, die Türen weit geöffnet. Die Westfälische Wilhelms-Universität ist hier untergebracht, auf den Rasenflächen vor dem Eingang sieht man deshalb oft sonnenbadende Studenten.

Natürlich kann man auch rechts oder links einen Weg zum Park finden. Der Eintritt ist frei, und sobald man das schmiedeeiserne Eingangstor hinter sich gelassen hat, befindet man sich in einem herrlichen Park, der besonders durch seine altehrwürdigen Baumriesen besticht. Hier wachsen Eichen, Ginkgo, amerikanischer Hartriegel, Maronenbäume und

Hinterm Schloss beginnt der Kurztrip durch die ganze Welt. Exotische Tropenpflanzen, Alpengewächse und heimisches Gemüse wachsen hier nebeneinander.

natürlich noch viel, viel mehr. Egal, ob man wissbegierig ist oder einfach die Ruhe und Natur genießen möchte – hier kommt jeder Besucher auf seine Kosten. Kleine Informationsschilder klären auf, was dort gerade blüht oder wächst, verschlungene Pfade laden zum Sich-treiben-Lassen ein. Es werden auch Führungen für unterschiedliche Besuchergruppen angeboten.

Selbst bei schlechtem Wetter lohnt der Besuch. Denn zehn Gewächshäuser sorgen für konstant warme Temperaturen im Innern. Im Winter sind immerhin noch fünf von ihnen geöffnet. Draußen gilt: Je wärmer, desto mehr gibt es zu sehen. Denn die großen Topfpflanzen aus wärmeren Regionen können nur im Sommer draußen gedeihen.

Gleich zu Beginn des Rundgangs fühlt man sich wie im Hochalpenland. Da plätschert ein Bach, und auf steinigem Untergrund wachsen die typischen Pflanzen, die man sonst nur im Wanderurlaub sieht.

Inmitten des Parks befindet sich ein großer Teich. Umrundet man ihn, gelangt man von der Sonnenseite in den schattigen Waldbereich. Riesiger Farn wächst hier neben außergewöhnlichen Bäumen.

Der Weg eröffnet danach einen Blick auf die hübsche Rückseite des Schlosses. Hier gibt es Themenbeete. Mal erfährt der Besucher so etwas über Heilpflanzen, dann wieder über Gewürze. Auch durch einen typischen Münsterländer Bauerngarten kann man schlendern.

Zum Ausklingen der gemütlichen Runde bietet sich das Schloßgarten Café an, oder man hockt sich einfach auf eine der Bänke im Botanischen Garten.

Egal, an welcher Stelle man eine kleine Pause macht: unbedingt für einen Moment die Augen schließen und den Duft all der Blumen, Pflanzen und Bäume genießen …

Hin & weg: Mit Bus 11, 12, 13 oder 22 bis Landgericht/Schlossplatz Süd. Mit dem Auto zum Parkplatz Schlossplatz.

Dauer & Strecke: Gemütlich rund 1 Std. für etwa 3 km.

Beste Zeit: Im Frühsommer gibt es am meisten zu sehen.

Ausrüstung: Alle sieben Sinne.

FAZIT: EIN RUNDGANG FÜR ALLE SINNE.

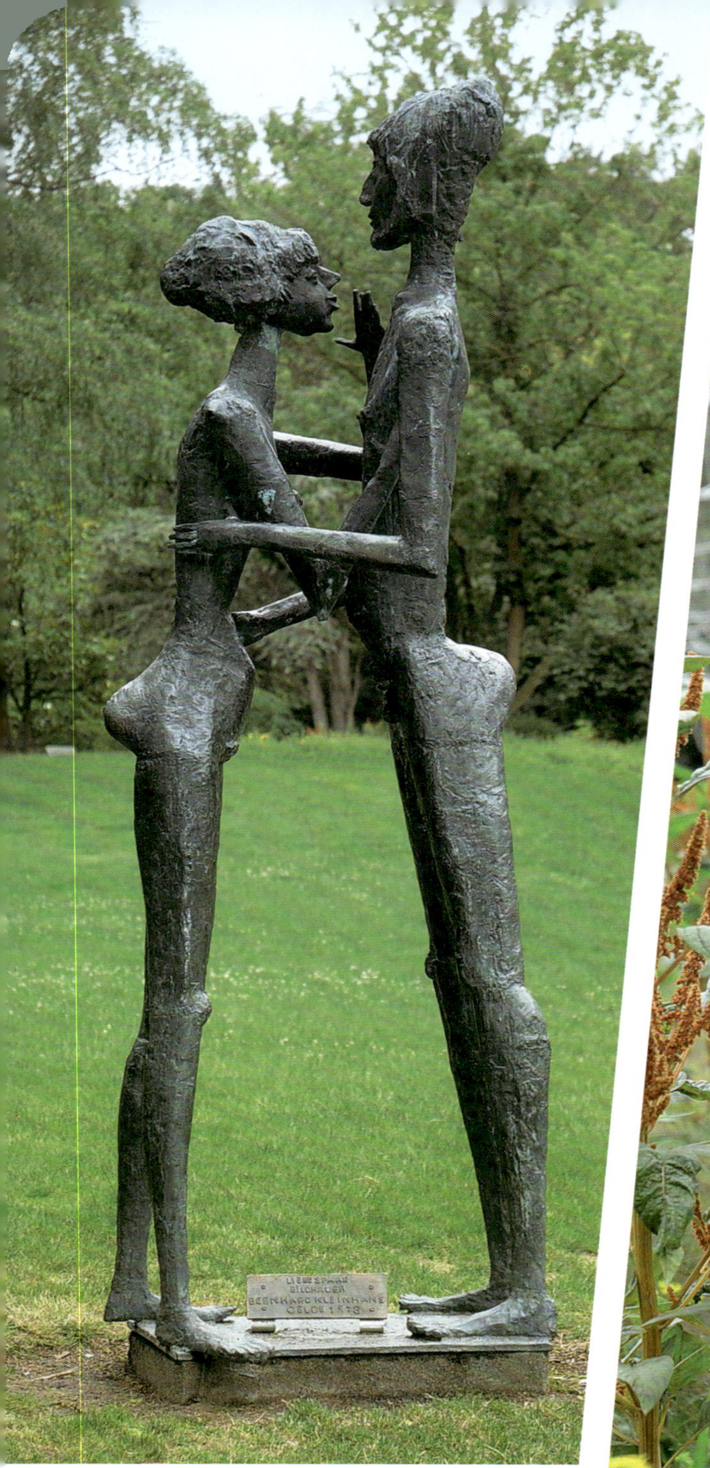

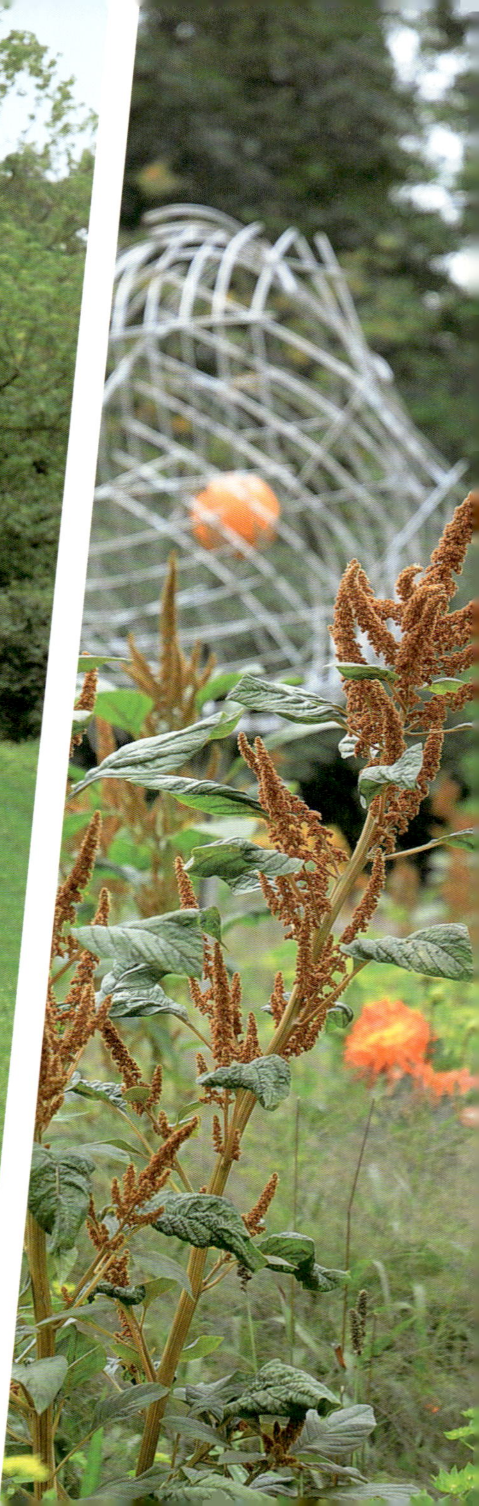

→ ABSTECHER...

DER ALLES-IN-EINEM-PARK

→ ... Erlebnistag im Vierjahreszeitenpark ←

#4 Klettern, baden, entspannen, picknicken, Tiere gucken oder an Blüten schnuppern – im Vierjahreszeitenpark in Oelde geht alles zu jeder Zeit. Schlechtes oder gutes Wetter? Egal. Seit der Landesgartenschau 2001 ist das liebevoll gestaltete Außengelände ein echter Hotspot für Ausflügler jeden Alters.

#Alleskönner #schwimmen #Picknickmekka #tierisch

Farbenprächtige Blumenarrangements, die dem Auge guttun: Hier gibt's wirklich nichts zu meckern.

Gleich hinter dem Kassenhäuschen eröffnet sich ein schöner Blick auf den Mühlensee. Ab hier hat man viele Möglichkeiten, seine Tour zu starten. Man hält sich rechts und gelangt über schöne Spazierwege an einem kleinen Zoo entlang, durch einen Wald mit Baumhäusern und Hängebrücken zu den farbenprächtigen Blumenfeldern. Oder man geht links am Lernmuseum rund ums Wasser (www.kindermuseum-klipp-klapp.de) vorbei über die wackelige Teufelsbrücke, die direkt zu einem Abenteuerspielplatz für Kinder führt. Wählt man den mittleren Weg vom Hauptausgang aus, der direkt am Café Seasons vorbeiführt, passiert man das Parkschwimmbad von Oelde. Bei sonnigem und warmem Wetter bietet sich hier eine Abkühlung an. Der Besuch der Badeanstalt ist im moderaten Eintrittspreis für den Park mit eingeschlossen.

Egal, wohin einen der Weg auch führt: Immer wieder wird der Besucher überrascht. Mal kann er auf einem kleinen Floß übers Wasser fahren, dann locken gemütliche Entspannungsbänke zum Ausruhen. Skulpturen sind in den Park integriert, bunte Fahrräder dienen als Blickfang oder alte Betten als blühende Hochbeete. Aus den Vogelvolieren krächzen und zwitschern Vögel, im Tiergehege meckern Ziegen. In den Sommermonaten leuchten die Blumenbeete in Orange oder Blau, beim Waldspaziergang kraxeln Kinder über hohe Hängebrücken von Baumhaus zu Baumhaus.

Den Gestaltern des Parks ist es gelungen, die richtige Balance zwischen ruhigem Park und spannendem Spielplatz zu finden. Wer einfach nur einen Kaffee mit Aussicht genießen will, ist hier auch richtig. Das Café am Hauptein-

Der Park bewegt. Klettergerüste oder eine Do-it-yourself-Fähre aktivieren alle Generationen.

gang erinnert im Innern an die goldenen Caféhauszeiten der 1920er-Jahre, draußen lädt die Seeterrasse zum entspannten Sitzen ein.

FAZIT: EIN TAG IM PARK DER VIELEN MÖGLICHKEITEN.

Hin & weg: Mit der Bahn bis Bahnhof Oelde (Hamm-Bielefeld), zu Fuß 15 Min. bis zum Haupteingang des Parks. Mit dem Auto bis zur A2-Abfahrt Oelde, Adresse für das Navi: Konrad-Adenauer-Allee 20, 59302 Oelde.

Dauer: 3 Std. sollte man mindestens einplanen.

Beste Zeit: Im Sommer, weil dann die Blüten duften und das Schwimmbad geöffnet ist.

Ausrüstung: Picknickkorb und Badesachen. An der Hauptkasse kann man Bollerwagen, Spielsets und Rollstühle leihen. Geld für den Eintritt.

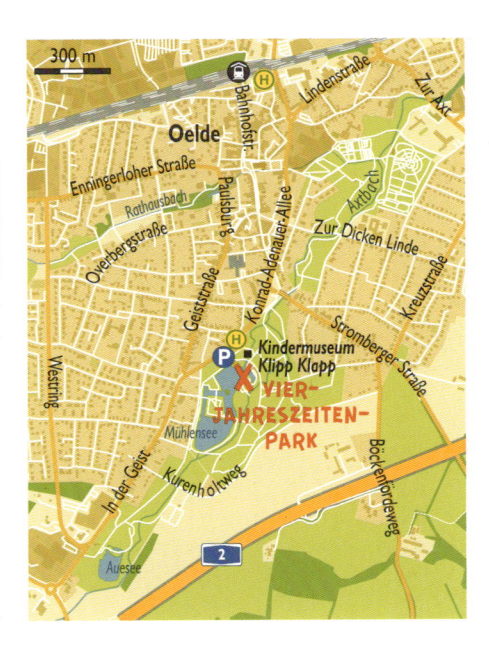

URLAUB FÜR EINEN TAG

→ ... Wasser- und Minigolfspaß an der Werse ←

#5 *Zwischen Münster und Telgte, idyllisch an der Werse gelegen, befindet sich ein Ausflugsziel, das alles bietet, was der gemeine Ausflügler sich nur wünschen kann. Hier kann man paddeln, Minigolf spielen oder im Biergarten des Landgasthofs Pleister Mühle eine Rast einlegen.*

#PleisterMühle #Kanuverleih #Werseradweg #paddeln

Die Landschaft vom Wasser aus zu erkunden, eröffnet ganz neue Perspektiven.

→ ABSTECHER

An warmen Wochenendtagen drängeln sich die Räder dicht an dicht in den Fahrradständern, der Parkplatz ist voll, an den Seitenrändern der Zufahrtswege parken Autos. Der Duft von Bratwürstchen weht herüber, an den Biertischen sitzen zufriedene Menschen in Radlerkluft und trinken Apfelschorle. Familien liefern sich Minigolf-Battles, und ein paar Spaziergänger beobachten von einer kleinen Brücke aus, wie eine Gruppe Jugendlicher sich Schwimmwesten überzieht.

Der Kanuverleih liegt rechts vom historischen Gasthof, der mindestens seit 1808 an dieser Stelle existiert und seinerzeit auch Flößer bewirtete, die Holz von der Werse über die Ems nach Papenburg schaffen mussten. Schon damals wurden dort Schiffe gebaut.

Jetzt wird die Werse von den Menschen nur noch zum Vergnügen genutzt. Angeln, am Uferweg entlangspazieren und natürlich paddeln. Das Schöne am Kanuverleih an der Pleister Mühle ist, dass man nicht schon Wochen vorher buchen muss, sondern sich spontan entscheiden kann, ob man Lust auf eine gemütliche Tour auf der Werse hat. Der Fluss macht es möglich. Da die Fließgeschwindigkeit der Werse sehr langsam ist, können die Freizeitkanuten den Hin- und Rückweg alleine meistern. Keine umständliche und organisationsintensive Abholung der Boote seitens des Verleihers ist nötig. Selbst Stand Up Paddling geht auf dem ruhigen Gewässer.

Trotzdem kann es natürlich sein, dass bei schlechtem Wetter die Station geschlossen hat. Oder dass der Andrang so groß ist, dass die Warteschlangen auch mal ein wenig länger werden. Grundsätzlich ist der Verleih von Kanus verschiedener Größen (Kanadier) am Wochenende geöffnet. In den Ferien ist an einigen Tagen schon vormittags etwas los. Wer sichergehen will, dass es mit dem Ausleihen klappt, sollte sich vorab per Telefon informieren (Tel. 02571 98273).

Wen es nicht so aufs Wasser zieht, der hat die Möglichkeit, sich bei einer Runde Minigolf auf dem gepflegten Platz vor dem Landgasthaus zu entspannen.

Tipp: Wer schon jetzt weiß, dass er mehr von alledem möchte, kann sich auch in der Pleister Mühle ein Zimmer nehmen – mitten in der Natur sowie direkt an Rad- und Wanderwegen (www.pleistermuehle.de).

Auch wenn es am Wochenende voller werden kann, lohnt sich eine Runde auf der abwechslungsreichen und anspruchsvollen Minigolfanlage, egal, ob als Familienduell oder Fight unter Freunden.

FAZIT: WÜRDE MAN SICH EIN IDEALES AUSFLUGSZIEL FÜR EINEN GEMÜTLICHEN SONNTAG BACKEN, SÄHE ES AUS WIE AUF DER PLEISTER MÜHLE.

Hin & weg: Mit Bus 2, 10, R11, 16, R13 bis Pleistermühlenweg. Mit dem Auto zum Parkplatz Pleister Mühle, Pleistermühlenweg 196, 48157 Münster.

Dauer: Je nachdem, wie lange man paddelt und wie gut man Minigolf spielt, ein halber bis ein ganzer Tag.

Beste Zeit: Im Sommer. Dann ist Biergarten- und Paddelsaison.

Ausrüstung: Golfschläger, Boote, Schwimmwesten und Paddel bekommt man vor Ort. Ebenfalls Getränke und Essen. Evtl. Ersatzhose, wenn es doch mal nass wird im Boot.

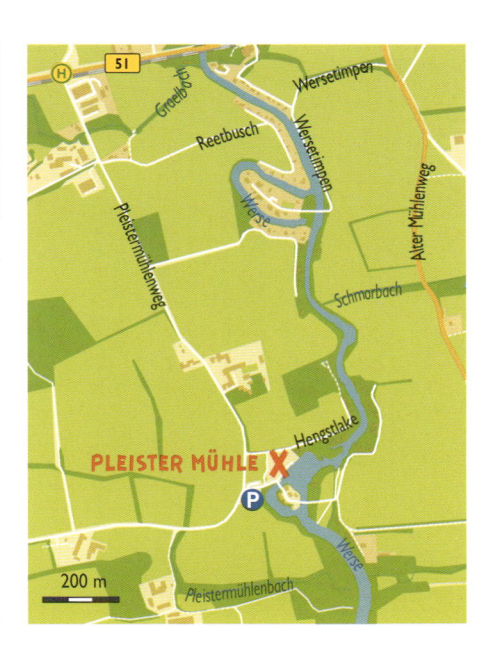

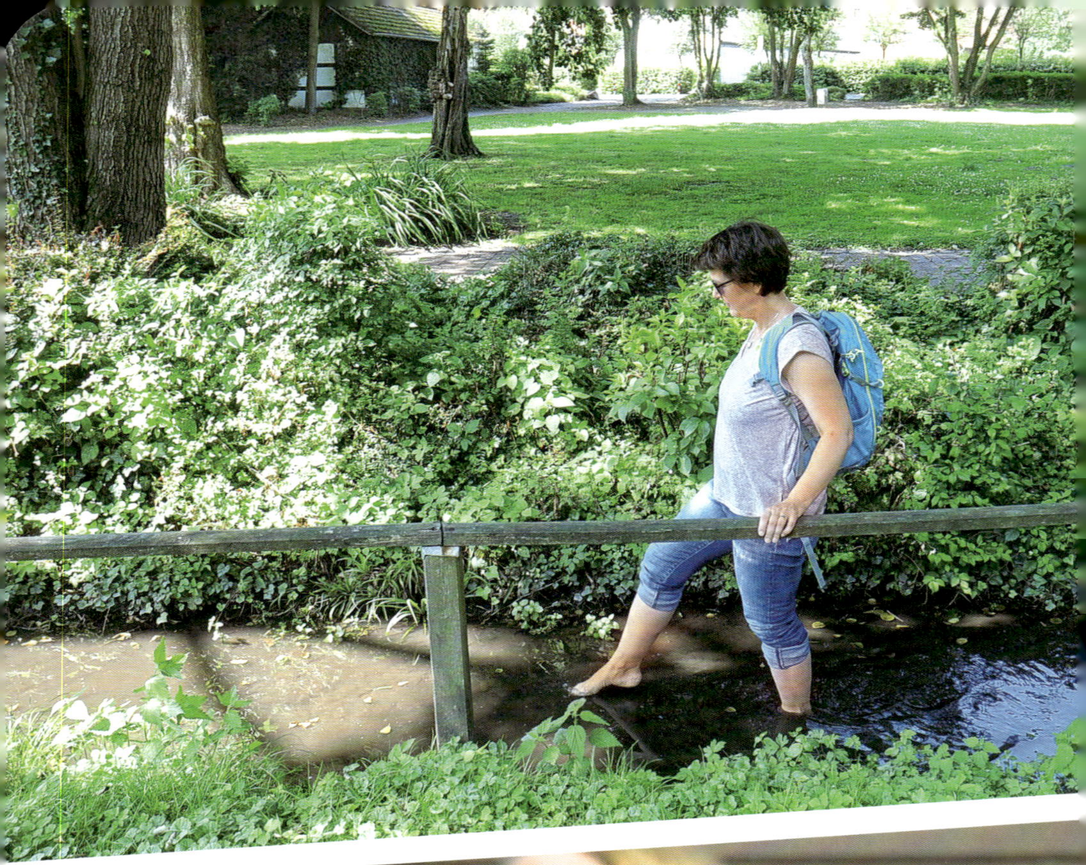
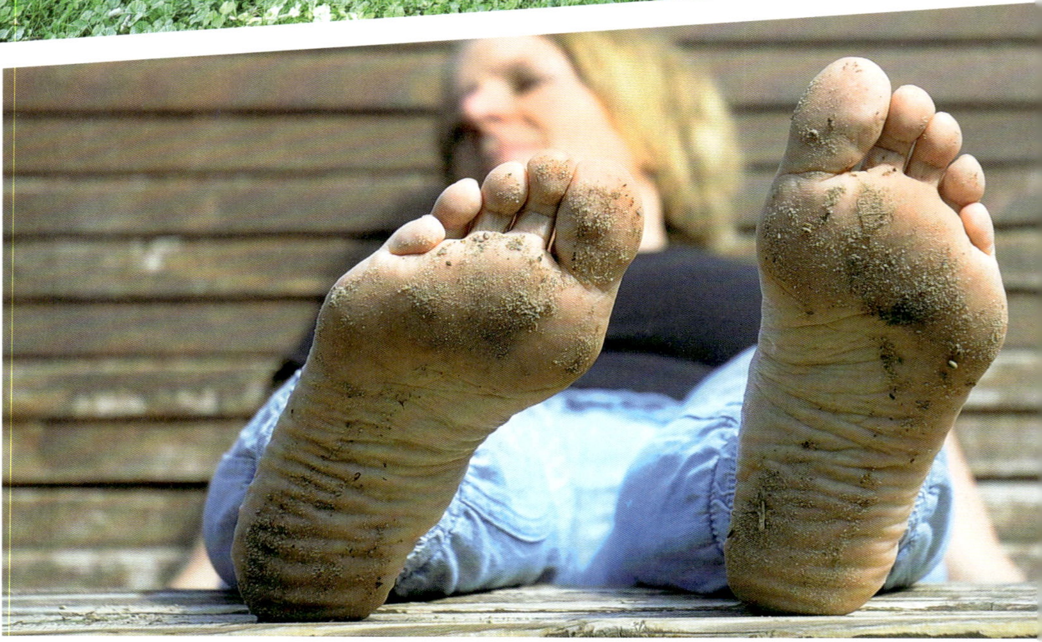

→ ABSTECHER...

ZEIGT HER EURE FÜBE!

≥ ... im Barfußpark Lienen ≤

#6

Mit seinen zahlreichen Wander- und Radwegen ist Lienen ein schöner Ausgangs- oder Zielpunkt für Unternehmungen. Doch der idyllische Ort am Teutoburger Wald ist vor allem für seine nackten Tatsachen bekannt: Im liebevoll angelegten Barfußpark wird man auch ohne Wanderschuhe und Fahrrad glücklich.

#untenohne #rausausdenSchuhen #gesundundmunter #überStockundStein

Für den empfindlichen Barfüßler kann der pieksige Untergrund auch mal unangenehm sein. Aber macht nix, weiter geht's!

den Verein unterstützen, der den Park mitten im Fachwerkörtchen seit seinem Bau im Jahr 2002 in Schuss hält.

Erste Station ist das Wassertretbecken, in dem man seine Füße auf die Tour über Stock und Stein vorbereiten kann. Man kann auch erst seine Arme in eiskaltes Wasser eintauchen und dann seine nackten Sohlen und Waden nass machen.

Es kostet schon Überwindung, mit der pieksigen und kribbeligen Nacktfußtour zu beginnen. Denn der Start des Parcours führt direkt durch einen schlammigen Bach. Hat man es geschafft, in das undurchschaubare Wasser, das je nach Wetterlage auch mal trüb und morastig aussehen kann, zu steigen, ist es die reinste Freude für die schuhgewöhnten Füße und den naturentwöhnten Kopf. Dann geht es, den Hinweisschildern folgend, über Feuchtwiesenabschnitte, entlang von Obstwiesen, vorbei an Äckern und Pferdekoppeln auf

Am Dorfteich und am Haus des Gastes startet die Barfußparkrunde. In den dort angebrachten Schließfächern kann man seine Schuhe für einen Euro deponieren und damit zugleich

32

Jedes Jahr wird der feine Sand am Wasserspielplatz neu aufgeschüttet. Junge Familien und Kindergartengruppen kommen auch deshalb immer wieder zum Barfußpark. Denn Matschen macht Spaß!

einem etwa einen Meter breiten, rund einen Kilometer langen Weg im wahrsten Wortsinne über Stock und Stein. Unterwegs erwarten einen die unterschiedlichsten Untergründe. Mal schreitet man über Kalkstein, dann wieder über Mulch, Holzpflaster oder Kiesel. Matschbecken lassen sich mit Handpumpen auffüllen und laden zum vergnüglichen Einsinken ein, hier quietschen nicht nur die Kinder, sondern auch Eltern und Großeltern.

Kurz vorm Ende der Barfußrunde können Kinder auf dem Sand- und Wasserspielplatz Staudämme oder Burgen bauen, bevor es dann zum Abspülen der Füße zurück zu den Schließfächern geht.

Hin & weg: Mit dem Auto zum kostenlosen Parkplatz, Diekeskamp 1, 49536 Lienen.

Dauer: 1 Std. oder mehr (wenn man sich noch auf eine Ruhebank legen möchte).

Beste Zeit: Sommer, denn sonst ist der Bach vielleicht zugefroren.

Ausrüstung: 1 Euro für die Schließfächer, kleines Handtuch zum Abtrocknen der Füße.

FAZIT: EINE FRÖHLICHE WOHLTAT VON KOPF BIS FUß.

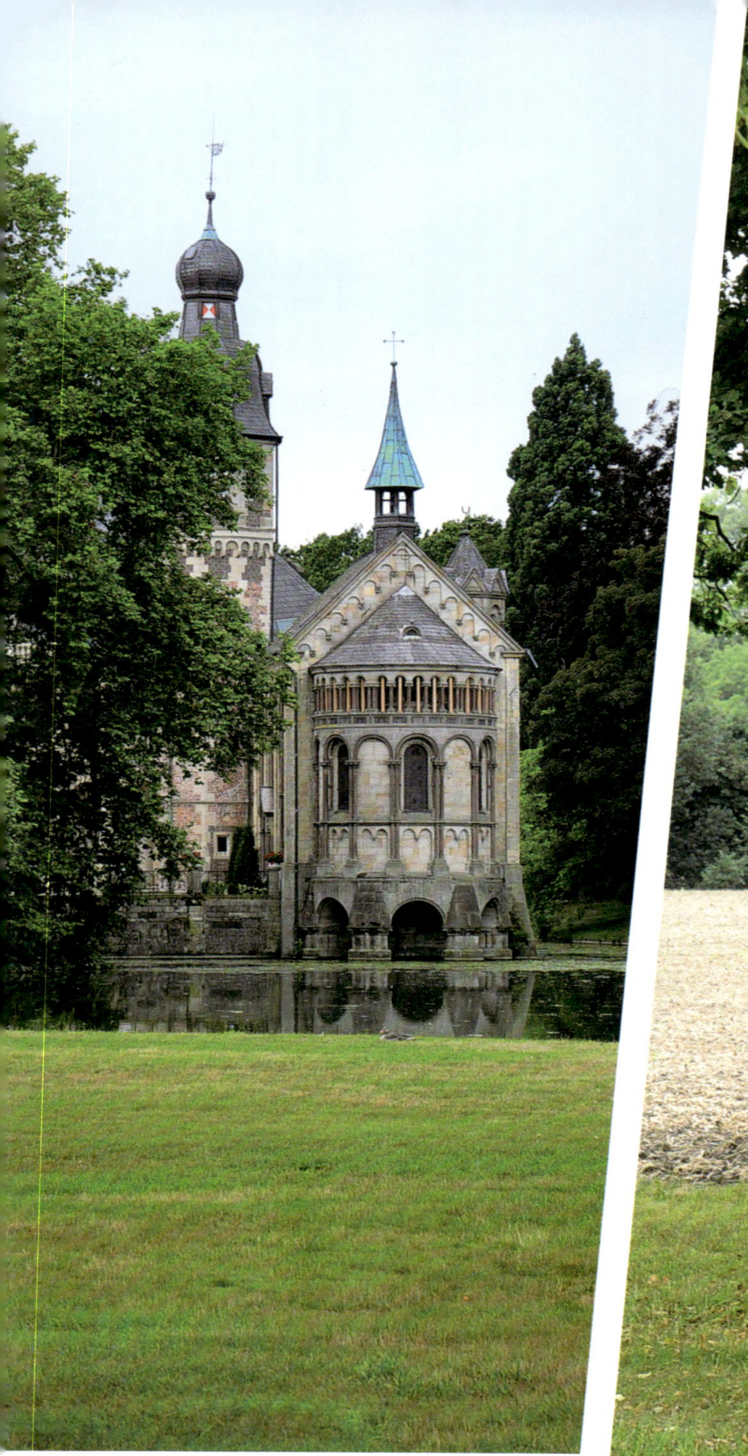

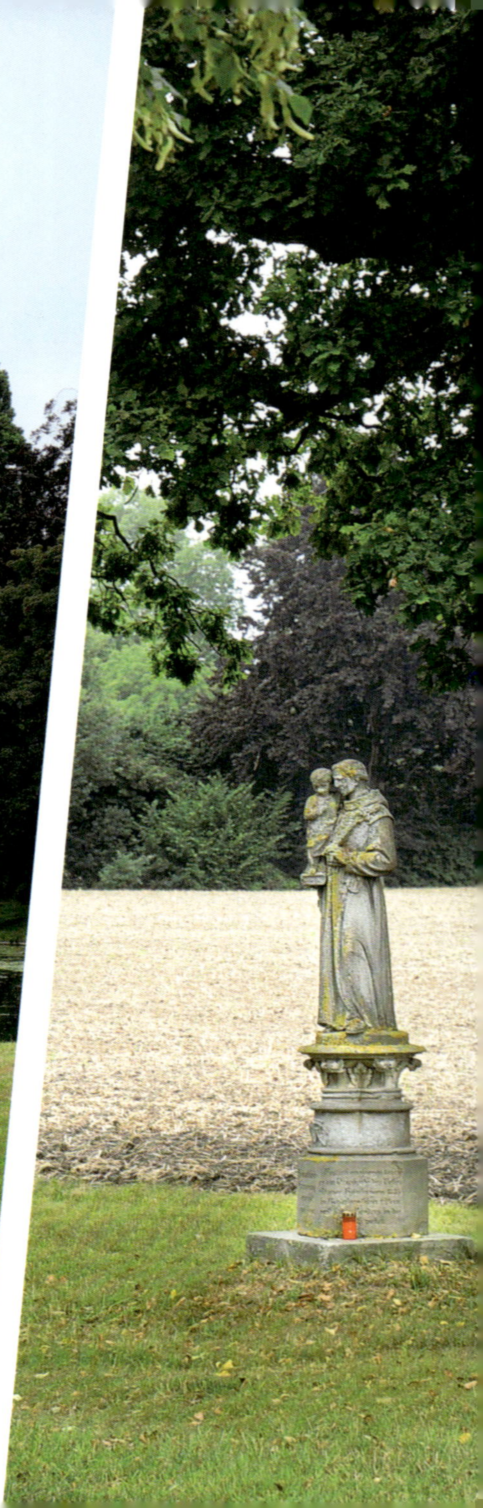

→ ABSTECHER…

NUR KURZ GUCKEN

≥ … beim Wasserschloss Darfeld ≤

#7

Sieht man zum ersten Mal das Schloss Darfeld, könnte man glauben, es handle sich um eine Fata Morgana. Gerade schaut man noch auf grasende Kühe, da eröffnet sich unvermittelt der Blick auf die prächtige Fassade des im venezianischen Stil erbauten Prachtgebäudes. Bella Italia mitten im Münsterland!

#schickesSchloss #wieauseineranderenWelt #Sandsteintraum

Majestätische Alleen: Alte Bäume säumen die Wege rund ums edle Schloss.

bewohnt. Hier müssen also verschiedene Interessen unter einen Hut gebracht werden. Auf der einen Seite die neugierigen Touristengruppen, dort die Eigentümer, die gar keinen Rummel möchten.

Doch auch wenn die Schlossfans nicht ins Innere der Burg und in den abgezäunten Schlosspark gelangen können, lohnt sich schon der Fernblick auf den markanten Arkadentrakt. Der Münsteraner Baumeister und Bildhauer Gerhard Gröninger hat das Gebäudeensemble in den Jahren 1612 bis 1616 im Stil der venezianischen Renaissance erbaut. Den Auftrag dazu erteilte der damalige Besitzer Jobst von Vördern. Eigentlich sollten acht Flügel mit vier Türmen entstehen, es wurden am Ende nur zwei. Doch auch diese brachten italienisches Flair nach Westfalen. Als Baumaterial wurde Baumberger Sandstein verwendet. Die Familie Droste zu Vischering kaufte das Anwesen im Jahre 1680. Seitdem ist es in

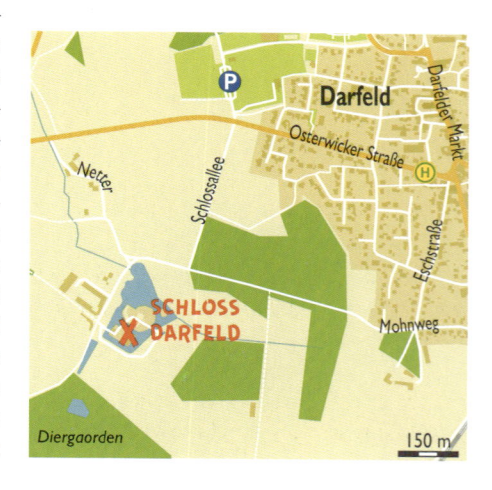

Der Weg zum Wow-Blick führt – wie sollte es anders sein – über die Schlossallee. Und zwar zu Fuß oder mit dem Rad, denn Autos sind hier nicht erlaubt. Ist man mit dem Auto nach Rosendahl angereist, sollte man es deshalb am Sportplatzgelände stehen lassen. Von hier aus muss man nur die Straße überqueren. Vorbei an jungen Alleebäumen und alten Kreuzwegstationen nähert man sich dem Traum aus Sandstein. Doch zunächst fallen die zufriedenen Kühe ins Auge, die hier gemütlich auf ihrer Weide grasen. Dann passiert man wahre Baumriesen, die sich majestätisch auf einer weiten Rasenfläche verteilen. Diese darf man – darauf weisen viele Schilder hin – nicht betreten. Die vielen Verbotshinweise lassen sich leicht erklären: Schloss Darfeld ist ein wahrer Besuchermagnet, doch es wird privat

Da das Schloss in Privatbesitz ist, müssen die Besucher draußen bleiben. Doch die Außenansicht lohnt sich, egal, von welcher Seite man schaut.

Familienbesitz. Bei einem Brand wurde 1899 ein Großteil des Schlosses zerstört. Bis 1904 wurde es nach Plänen von Hermann Schaedtler in der jetzigen Form wieder aufgebaut.

Besucher, die sich noch nicht so schnell vom Traumschloss verabschieden wollen, können sich auf eine kleine Rundtour auf dem erlaubten Radweg (R1) machen. Sie gehen einfach am Wassergraben rechts vom Schloss entlang Richtung Wald und halten sich dort immer wieder links. Über gut ausgebaute Radwege geht es über Darfeld schließlich zurück zum italienischen Traum.

Tipp: Nach dem vorsichtigen Schlossschauen kann man sich im Darfelder Generationenpark austoben (Am Bahnhof 21).

FAZIT: FÜR DEN ITALIENISCHEN MOMENT IM MÜNSTERLAND.

Hin & weg: Mit Bus R81 bis Osterwicker Straße. Mit dem Auto zum Parkplatz am Sportplatzgelände, Sudetenstraße 17, 48720 Rosendahl.

Dauer: Ein kurzer Augenblick. Mit einer Umrundung kann daraus gut 1 Std. werden.

Beste Zeit: Ganzjährig. Das Schloss ist der Star – und das sieht zu jeder Zeit prachtvoll aus.

Ausrüstung: Teleobjektiv, denn man kommt nicht nah an alles heran.

BEIM LUSTWANDELN

⋺ ... im geschichtsträchtigen Park Bagno ⋵

#8

Das Steinfurter Bagno scheint ein normaler, hübscher Park zu sein. Mit einem kleinen See, auf dem Tretboote dümpeln, mit verschlungenen Waldwegen und einem Kletterparcours für Kinder. Dass hier vor etwa 200 Jahren eine prachtvolle Parkanlage stand, macht die Besucher aber zu wahren Lustwandlern.

#vergangenePracht #Gartenarchitektur #fünfInseln #historischerSpaziergang

ABSTECHER

Auf schattigen Waldwegen lässt sich der See ganz entspannt umrunden.

Ein breiter Weg führt vom Parkplatz direkt in die Vergangenheit. Die ist hier in der 50 Hektar großen Anlage allgegenwärtig und an vielen Schautafeln, die man entlang des Bagno-Rundganges findet, erklärt: Graf Karl Paul Ernst von Bentheim-Steinfurt hatte 1765 den Park als Sommerresidenz für die Familie gegründet und zunächst als französischen Garten anlegen lassen. Als Graf Ludwig die Grafschaft übernahm, wurde es feudaler: Der See wurde ausgebaut, orientalische und fernöstliche Elemente bei der Gestaltung mit aufgenommen.

Auf einem Grundrissplan von 1787 sieht man 105 verschiedene Bauwerke, Wasserspiele, Brücken, Spielstätten, Statuen, Inseln, Gärten und Wege. Bis zum Anfang des 19. Jahrhunderts war das Bagno damit die bedeutendste Parkanlage Westfalens.

Im Hier und Jetzt ist davon nicht mehr viel zu sehen. Aber zu ahnen. Denn: Die außergewöhnliche Gartenarchitektur mit ihrer Mischung aus geometrisch angelegten Alleen und verschlungenen Pfaden kann sich der Spaziergänger heute noch erlaufen. Auf einer der insgesamt fünf Inseln des Sees blitzt eine pittoreske Ruine zwischen Blattgrün und Buschwerk hervor, immer wieder laden schöne Aussichten auf Holzbrücken oder den ruhigen See zum Innehalten ein.

Neben den Informationen über die Vergangenheit bekommt der Rundgänger auch moderne Skulpturen zu sehen. An verschiedenen Stellen gibt es zum Wasser führende Stufen, hier sollte man sich einfach einmal setzen und die Parkanlage auf sich wirken lassen.

Hin & weg: Mit Bus R73, R75 bis Burgsteinfurt Bagno. Mit dem Auto zum Parkplatz (Parkschein lösen!), Hollich 156, 48565 Steinfurt.

Dauer & Strecke: Die Umrundung des Sees dauert nur rund 30 Min. Länger wird es, wenn man sich alle Schautafeln durchliest und in Ruhe die Ausblicke genießt. Die Strecke ist etwa 1,5 km lang.

Beste Zeit: Ganzjährig. Im Sommer schön grün, im Winter sieht man die Ruine besser.

Ausrüstung: Bequeme Kleidung, falls man Tretboot fahren möchte.

Die Pracht vergangener Zeiten lässt sich nur erahnen, doch auch das heutige Bagno widmet sich mit modernen Skulpturen am Wegesrand und dem Konzerthaus mitten im Wald den schönen Künsten.

Geht man den See rechts herum, kommt man am Ende der Umrundung zu einem Weg, der zur Konzertgalerie führt, die vor einigen Jahren wieder aufgebaut und zum Ort für kulturelle Veranstaltungen der Extraklasse aus dem Bereich Musik wurde. Es gibt einen Ruder- und Tretbootverleih, außerdem ein Café mit großem Außenbereich.

Tipp: Interessante Radwege wie die 100 Schlösser Route und die Aa-Vechte-Route kreuzen sich hier. Für Radfahrer, die das Bagno als Etappenziel haben, empfiehlt sich noch ein Besuch im Kreislehrgarten Steinfurt (Wemhöferstiege 33, 48565 Steinfurt), der nur wenige Fahrminuten entfernt liegt.

FAZIT: SCHÖNER SPAZIERGANG DURCH LÄNGST VERGANGENE ZEITEN.

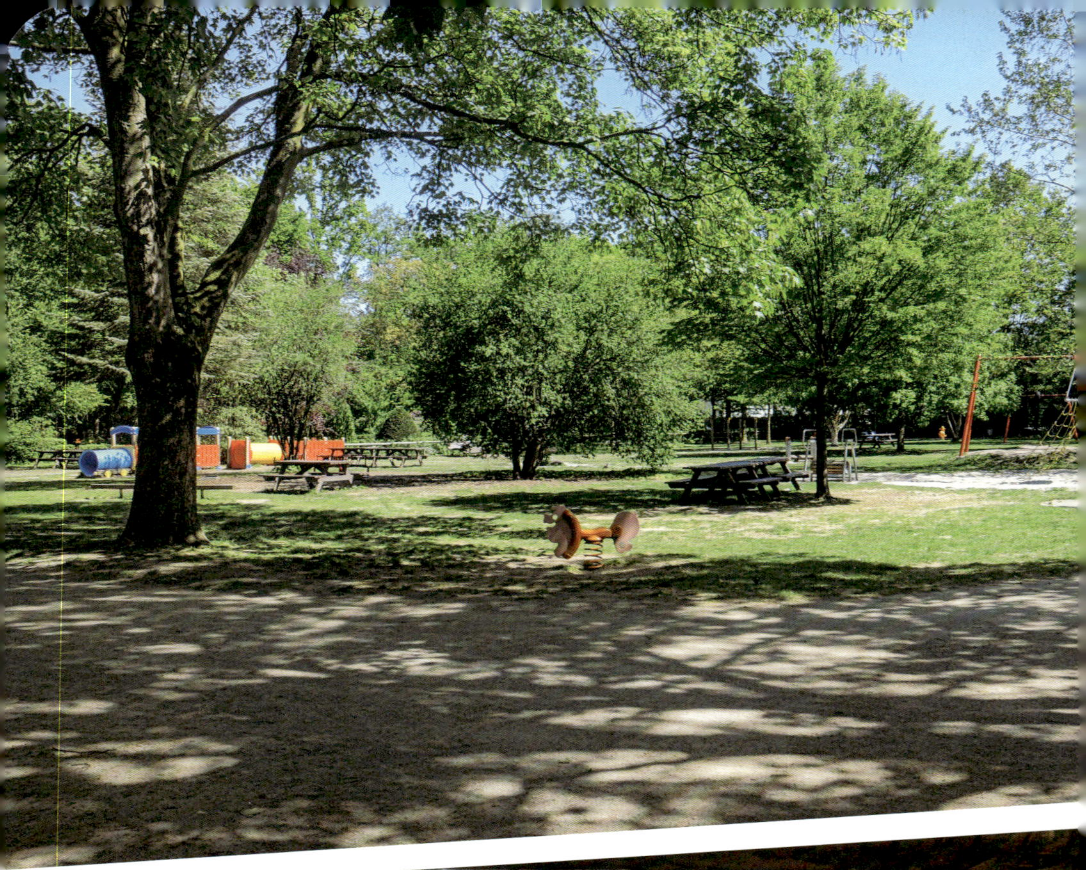

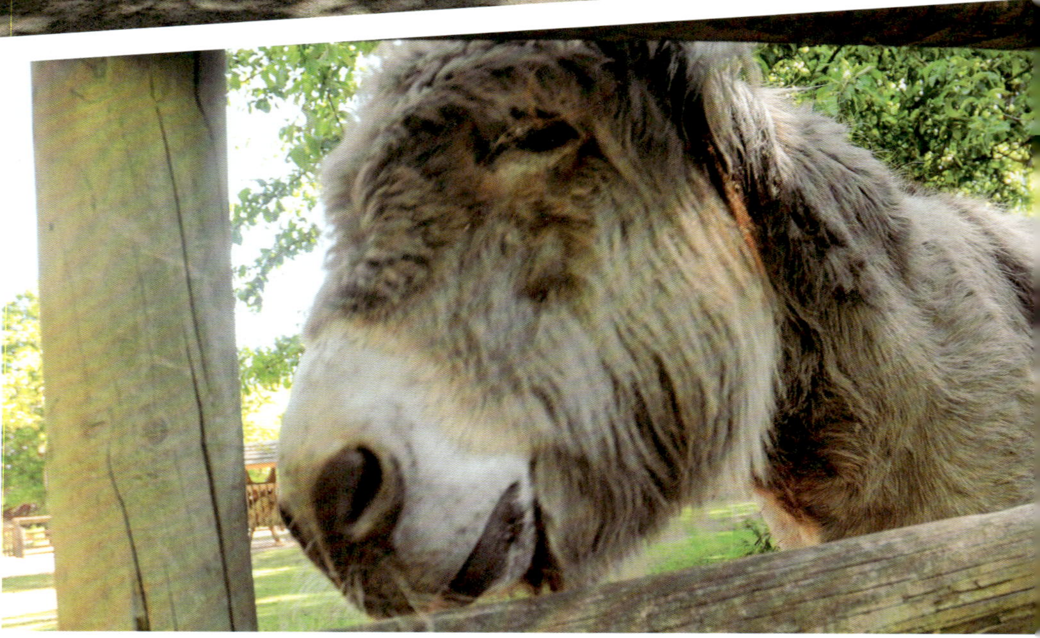

→ ABSTECHER...

DIE MISCHUNG MACHT'S

≥ ... Familienspaß im Emsdettener Stadtpark ≤

#9 *Eine kleine Runde spazieren gehen, vom Aussterben bedrohte Tiere füttern, auf bunten Spielgeräten klettern, einer kleinen Wasserfontäne zuschauen und dann vielleicht noch eine Partie Minigolf? Kein Problem! Der Emsdettener Stadtpark steckt voller Möglichkeiten.*

#ArchePark #familienfreundlich #kleinaberoho #sportlich

Sand unter den Sohlen, Gras unter den Gänsefüßen: Hier können Menschen und Tiere barfuß laufen.

Was für eine schöne Adresse! Der Emsdettener Stadtpark liegt gleich an der Blumenstraße. Durch kleine Törchen gelangt man auf das in einem Waldstück gelegene überschaubare Gelände, das es in sich hat.

Im Sommer ist es dort schattig, im Winter erwartet einen eine abwechslungsreiche naturnahe Landschaft. Je nach Laune und Wetter hat der Park für jeden etwas zu bieten. Sportliche Besucher können sich an den Tischtennisplatten austoben oder über die verschlungenen Pfade joggen. Wettkämpfer können sich beim Minigolf messen und Spielkinder erobern die bunten Spielgeräte, die überall verteilt stehen. Wer nur entspannen möchte, kann sich auf eine der Bänke setzen und seinen Blick über den Ententeich schweifen lassen. Dort sorgt eine kleine Wasserfontäne für Abwechslung.

Tierfreunde und Naturschützer sollten sich die Tiere im integrierten Arche-Park unbedingt anschauen. Er ist der erste seiner Art im Münsterland. Hier bekommt der Besucher Seltenes zu sehen. Denn in Emsdetten leben

Was zum Gucken: Keine große Fontäne, aber immerhin sprudelt das Wasser im kleinen Parktümpel.

Nutztiere, die auf der Roten Liste der vom Aussterben bedrohten Nutztierrassen stehen: Das Braune Bergschaf, die Skudde und die Thüringer Waldziege sowie mehrere Vogelarten wie zum Beispiel Vorwerkhühner, Deutsche Pekingenten, Lakenfelder und Deutsche Sperber. Füttern ist übrigens erlaubt – wenn das Futter vor Ort gekauft wird.

Inmitten des Parks steht ein kleiner Kiosk. Dort oder im Café Heinrich kann man sich Minigolf- und Tischtennisschläger ausleihen. Kein Zubehör ist nötig, wenn man sich auf den Barfußpfad von rund einem Kilometer Länge begibt. Hier bekommen die nackten Sohlen Mulch, Sand, Kies, Torf, Wasser und Kieselsteinchen zu spüren. Wer nach dem Parkbesuch noch unternehmungslustig ist, braucht nicht weit zu laufen. Gleich nebenan liegt das städtische Freibad.

FAZIT: EIN SPAß-PARK FÜR EINEN ENTSPANNTEN NACHMITTAG.

Hin & weg: Mit dem Auto in der Blumenstraße auf Höhe des Freibads parken. Alternativ: Mit dem RB 65 von Münster nach Emsdetten (Richtung Rheine), von dort fährt alle 2 Std. ein Bürgerbus der Linie BB1 zur Haltestelle Freibad-Stadtpark. Achtung: Es handelt sich dabei um Kleinbusse mit maximal 8 Fahrgästen. Am besten auf www.buergerbus-emsdetten.de nachschauen, da sich Abfahrtzeiten ändern können.

Dauer : Wer nur einen Spaziergang macht, ist schnell durch. Ansonsten kann man sich mehrere Stunden im Park beschäftigen.

Beste Zeit: Ganzjährig. Im Sommer lockt der Barfußpfad, im Winter die schöne Landschaft.

Ausrüstung: Handtuch zum Füßeabtrocknen, Tischtennisschläger, falls man mit seinem eigenen am besten spielt.

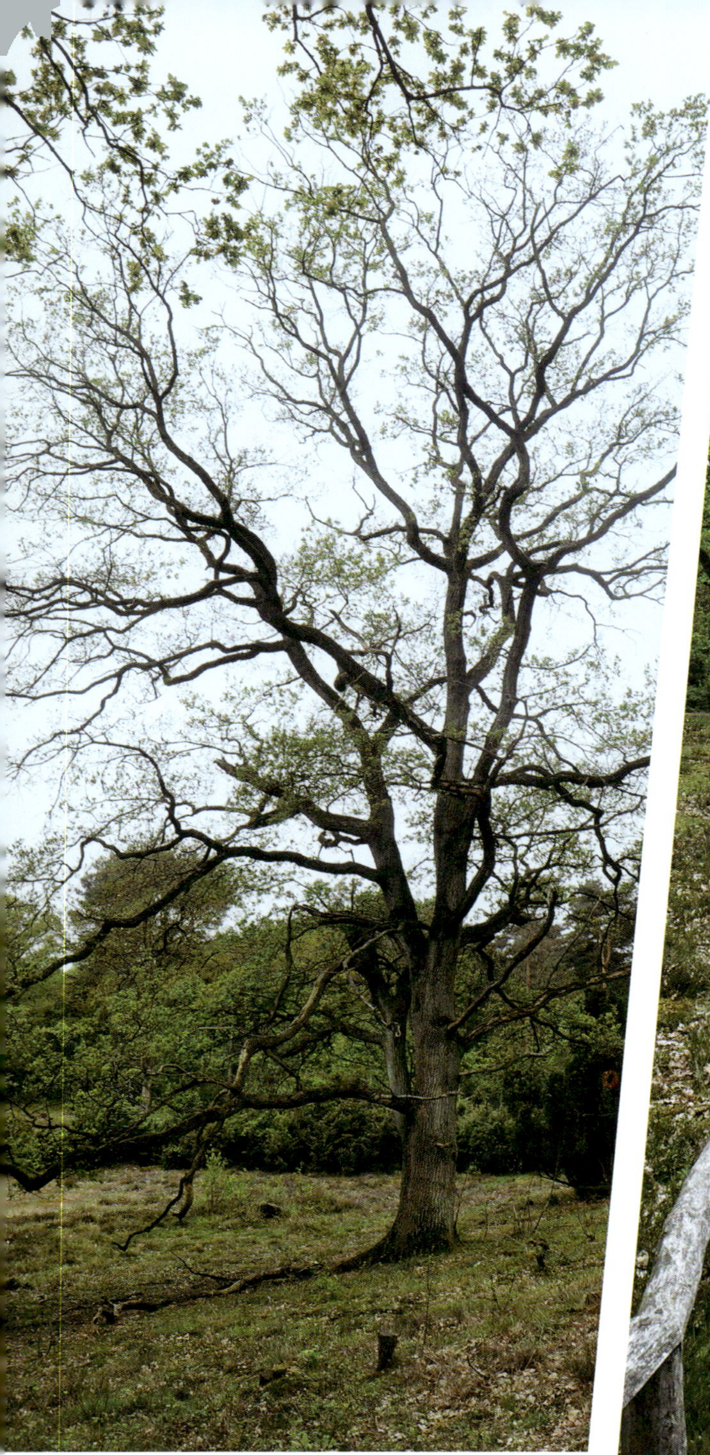
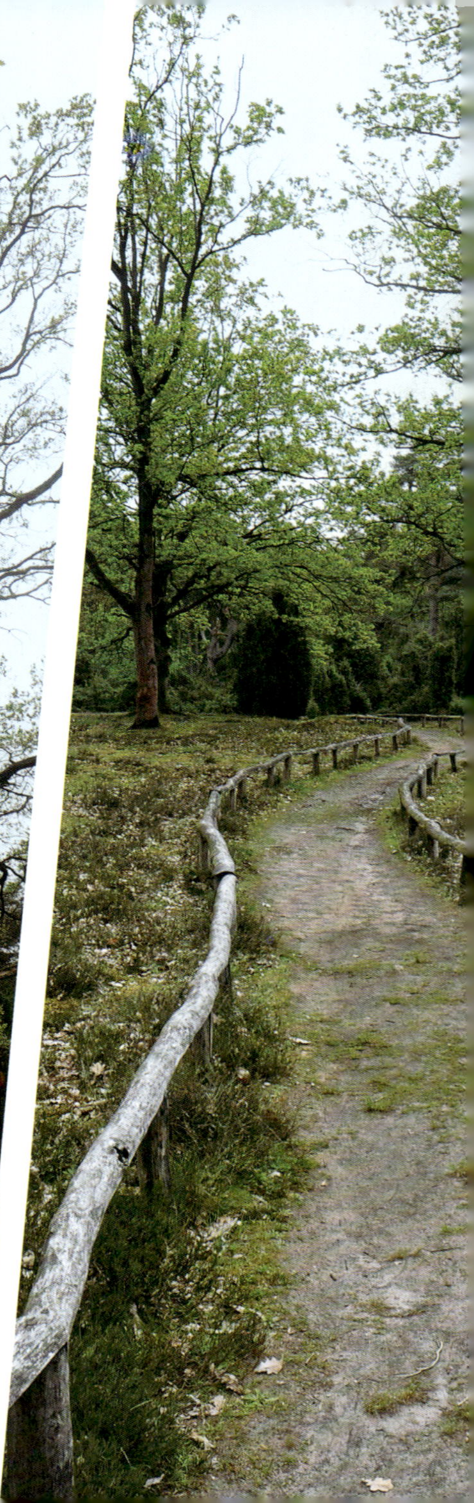

→ ABSTECHER…

AUF- UND ABWÄRTS

≥ … in den Bockholter Bergen ≤

#10

Wer sich auf die verschlungenen Pfade der Bockholter Berge wagt, läuft Gefahr, sich zu verlaufen. Immer wieder ändern die Wege überraschend ihre Richtung, es geht hoch und wieder runter – da kann man schon mal die Orientierung verlieren. Doch egal, welchen Umweg man auch einschlägt, er lohnt sich.

#Heidelandschaft #Picknickplatz #Buckelpistenwege

Der Name ist eine glatte Übertreibung. Bei einem Ausflug in die Bockholter Berge erwarten einen wahrlich keine echten Höhenlagen. Aber: hügelig wird's! Und gleich zu Beginn der Tour gibt es hier tatsächlich so etwas wie einen kleinen Anstieg. Wenn im Winter Schnee liegt, kommen einem sogar Kinder auf ihren Schlitten entgegen. Der Hang direkt am Wanderparkplatz Fuestruper Straße gilt in der ansonsten flachen Umgebung tatsächlich schon als Rodelberg.

Oben am »Gipfel« angekommen, geht es auf einem schönen, schmalen Weg gleich wieder sanft bergab. Schnell nimmt einen die ursprüngliche Natur des Eichen- und Kiefernwaldes gefangen. Spätestens wenn der Gellenbach in Sicht kommt, der sich gemächlich seinem natürlichen Lauf ergibt, sind einem die Himmelsrichtungen egal. Man bleibt einfach in seiner Nähe, um zu schauen, um welche Kurve er als Nächstes fließt.

Am Weg findet man immer wieder Pfosten, die zu einem Waldlehrpfad gehört haben, aber inzwischen ohne Nummern sind. Dennoch kann man ihnen getrost folgen, muss es aber nicht. Egal, wohin man sich verläuft, der herrlich unaufgeräumte Wald bietet immer wieder Neues, und eigentlich alle Wege führen zu einem wahren Highlight: der großen Heidelandschaft inmitten dieses Naturschutzgebietes. Durch ein Tor, das die hier als Landschaftsgärtner eingesetzten Schafe von der Flucht abhält, gelangt man auf die große Lichtung. Über einen Pfad und sandigen Untergrund geht es vorbei an alten, knorrigen Eichen, bizarr geformten Wacholdersträuchern und Heide, Heide, Heide. Der Weg steigt sanft bergan, und schließlich erreicht man den Picknickplatz, von dem

Der Wald der Bockholter Berge wird immer wilder. Auch hier lässt man inzwischen abgestorbene Baumstämme liegen, sodass Moos wachsen kann und neue Lebensräume für Waldtiere entstehen.

aus man freie Sicht auf dieses Herzstück der Bockholter Berge hat. Also: Pausenbrote raus!

Auf dem Rückweg Richtung Parkplatz kommt man an einem alten Gasthaus vorbei und passiert einen Baggersee, an dem Sand abgebaut wird. Über einen breiten Feldweg geht es zurück zum Ausgangspunkt. Oder aber man wagt wieder die verschlungenen Wege durch den Wald ...

FAZIT: GANZ VIEL NATUR AUF SEHR KLEINEM RAUM.

Hin & weg: Mit dem Auto bis Wanderparkplatz, Fuestruper Straße 4, 48268 Greven.

Dauer & Strecke: 1,5 Std., rund 3,6 km für eine Rundtour durch den Wald. Wer picknickt und sich öfter verläuft, sollte mehr Zeit einplanen.

Beste Zeit: Ganzjährig. Im September blüht allerdings die Wacholderheide.

Ausrüstung: Bequeme Schuhe und Proviant für das Heidepicknick.

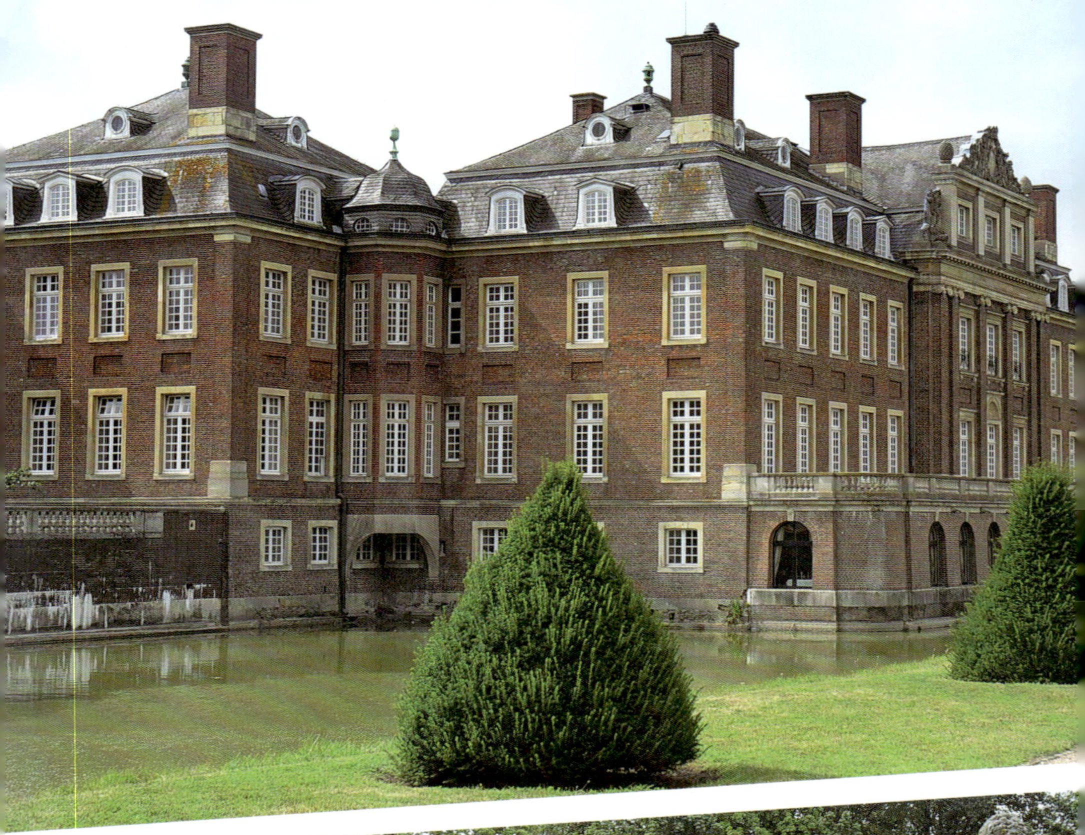
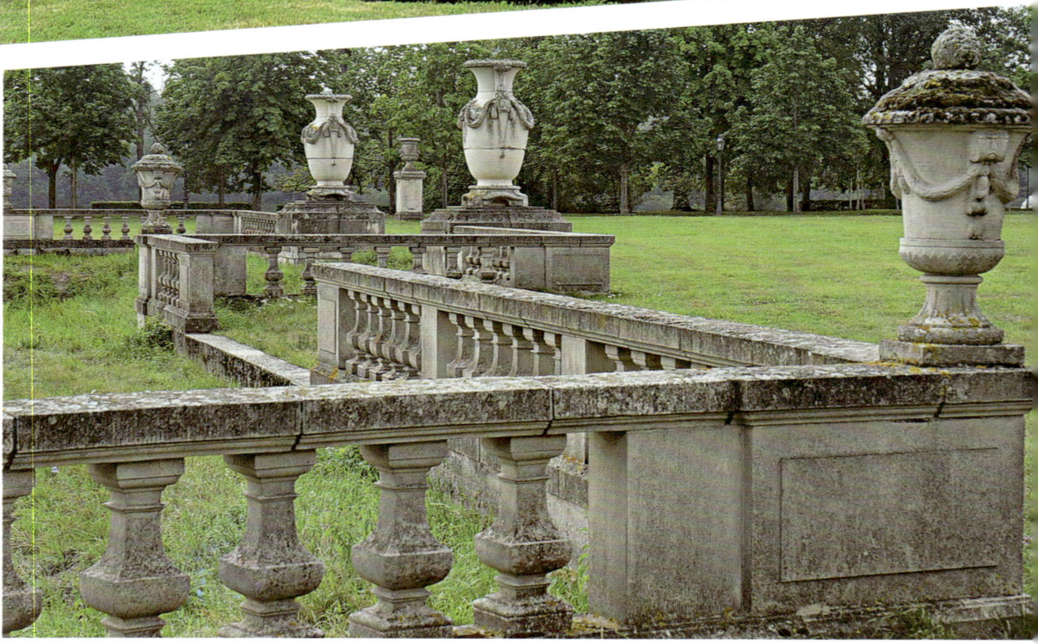

→ ABSTECHER...

VERSAILLES-DOUBLE

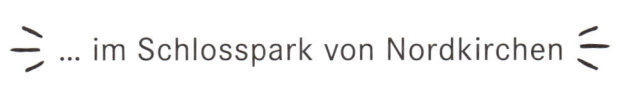

=– ... im Schlosspark von Nordkirchen –=

#11

Wer sich dem Schloss nähert, reibt sich ungläubig die Augen. Steht dieses imposante barocke Bauwerk wirklich mitten im Münsterland? Ja, das tut es. Im 18. Jahrhundert wurde Schloss Nordkirchen erbaut, inzwischen erklärte es die UNESCO als »Gesamtkunstwerk von internationalem Rang« für schutzwürdig.

#Baukunst #Parklandschaft #westfälischesVersailles #Besuchermagnet

Der Schlosspark wurde zum Teil nach dem Vorbild englischer Landschaftsgärten angelegt, doch es finden sich auch barocke Elemente.

Der erste Blick auf die symmetrische Barockanlage beeindruckt schon von Weitem. Langsam kommt man über eine der Alleen immer näher. Harmonisch ergänzen sich der vorgelagerte Spiegelsee, der dahinterliegende Garten auf der Venusinsel und die riesige Freitreppe der Vorderseite des Schlosses zu einer wahren Augenweide. Staunend betrachtet man erst einmal das große Ganze. Noch schöner wird es allerdings, wenn man sich die Zeit für einen ausgiebigen Spaziergang durch den rund 170 Hektar großen Park nimmt.

Allein 23 Alleen aus Rosskastanien, Linden, Rotbuchen, Ahornbäumen und Platanen mit einer Gesamtlänge von 7,5 Kilometern ziehen sich durch den Park. Wildtiere wie Fischreiher, Stockenten, Fasane, Hasen und Rebhühner wohnen hier, und ab und an hört man auch die Nachtigall singen.

Am bekanntesten ist der Nordgarten mit der Venusinsel, den Venusstatuen und den kunstvoll angelegten Bauchbäumchen, Eiben und den Ligusterhecken.

Verwunschener ist der Westgarten. Vorbei an Skulpturen, die Venus, Mars, Jupiter, Bacchus oder Apollo darstellen, gelangt man zur Oranienburg. Die Figuren sind teilweise verwittert, einigen fehlt Kopf oder Arm, doch das entfaltet einen ganz eigenen morbiden Charme. Auf der weiten Rasenfläche vor der Oranienburg entdeckt man riesige Amphoren und Reste einer Umfassungsmauer, die einst das Fasaneriegelände begrenzte.

Vorbei an großen Weideflächen, die früher für große Jagden genutzt wurden, nähert man sich von hinten wieder dem Schloss. Der Innenhof des Schlosses ist frei zugänglich. Wer eine längere Pause einlegen möchte, begibt sich in das Restaurant.

Im Schloss selbst ist die Fachhochschule für Finanzen NRW untergebracht, außerdem kann in der Schlosskapelle geheiratet werden. Bei so viel französischem Flair könnte es den Brautleuten durchaus passieren, dass sie »Oui« statt »Ja« sagen.

Hin & weg: Mit Bus R53 bis Schloßpark. Mit dem Auto zum Parkplatz Sundern der Fachhochschule für Finanzen, Schloßstraße, 59394 Nordkirchen.

Dauer & Strecke: 1 Std., rund 2–5 km.

Beste Zeit: Im Sommer, wenn nicht gerade der Buchsbaumzünsler sein Unwesen treibt und die schöne Venusinsel mit all ihren Buchsbäumchen bräunlich erscheinen lässt.

Ausrüstung: Fotoapparat für außergewöhnliche Blicke auf das Schloss von allen Seiten.

FAZIT: FRANZÖSISCHES FLAIR UND HOHE BAUKUNST IN EINEM WUNDERBAR WEITLÄUFIGEN PARK ENTDECKEN.

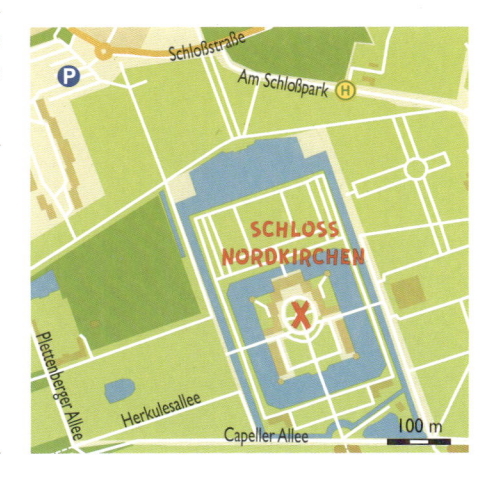

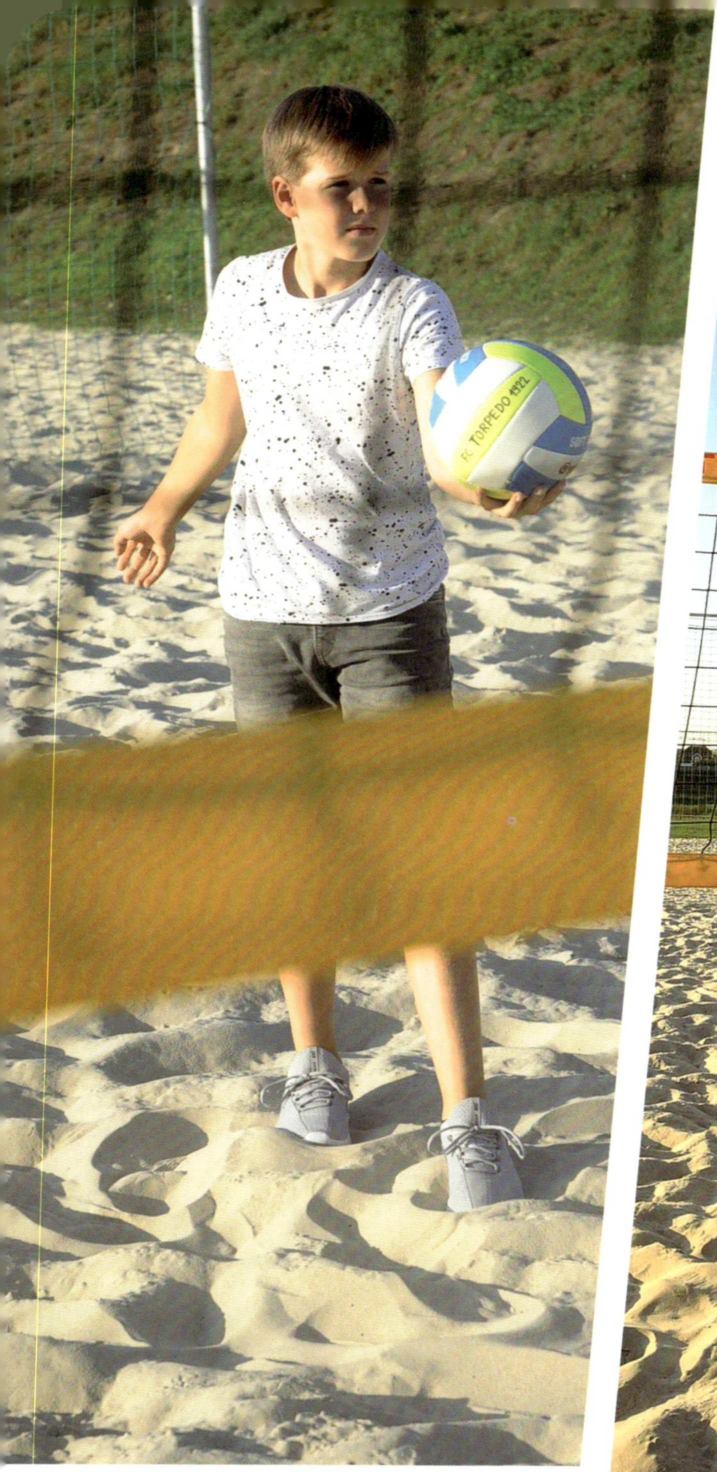
FC TORPEDO 1922

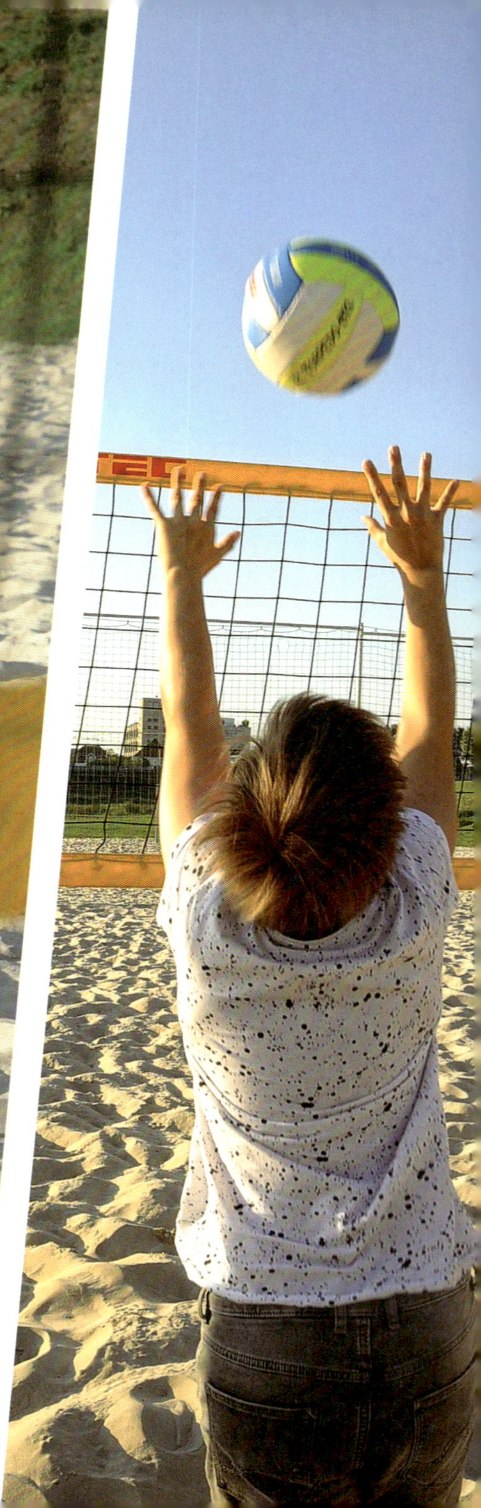

→ ABSTECHER...

AUFSCHLAG AN DER WILDEN EMS

... Beachvolleyball am Grevener Flussufer

#12

Einst in ein gerades Flussbett gezwungen, darf sich die Ems nun wieder frei bewegen. Auch in Greven setzt man auf Renaturierung. In Innenstadtnähe ist eine Auenlandschaft entstanden, die sich täglich verändert. Nebenan laden im Sommer Strandbar und Beachvolleyballplätze zum Chillen und Sporteln ein.

#FlussmitStrand #Emsrenaturierung #vollimFluss #Sandplatz

Vom Emsdeich direkt am Schwimmbadparkplatz aus kann man sich einen ersten Überblick verschaffen. Geradeaus sieht man die gemütliche Strandbar mit ihren rustikalen Holzdielenmöbeln, dahinter mäandert die Ems, wie es ihr gerade passt, rechts liegen die großzügig geschnittenen »Zuckersandplätze« für Strandfußballer und -volleyballer.

Der Deich, auf dem man sich befindet, ist außerdem ein beliebter Radweg. Würde man sich links halten, käme man zum Freibad und an einer Anlegestelle für Paddelboote vorbei. Doch hier und jetzt steht einfach nur eine kleine Pause oder ein bisschen Emsgucken mit Strandfeeling auf dem Programm.

Um nicht enttäuscht zu werden, sollte man ein kleines Picknick samt Getränk dabeihaben. Denn die einladende Bar ist nicht immer geöffnet. Setzen kann man sich trotzdem. Wer näher zum Fluss möchte, kann einen schönen Platz auf einem der Baumstämme finden, die dort verankert wurden, um eine möglichst naturnahe Sitzgelegenheit zu bieten. Hier kann man den Blick schweifen lassen und der Natur bei der Rückeroberung zuschauen.

Die Ems wurde an dieser Stelle zu 30 Metern aufgeweitet, ein Altarm wurde neu geschaffen. Wenn man genau hinschaut, erkennt man eine künstlich erstellte Plattform aus Sand, die mal unter, mal über der Wasseroberfläche liegt. Bestimmte Uferpflanzen, Vögel und Insekten sollen von diesem feuchten Erdreich angelockt werden.

Totholz wurde am Ufer deponiert, es soll Flora und Fauna Unterschlupf bieten. Zur Befestigung des Ufers wurden Weiden eingepflanzt

Einmal im Jahr wird der Beach musikalisch. Dann treffen sich hier Countrymusiker zum Blue-Grass-Festival und sorgen für internationales Flair.

und Steine eingesetzt. Die Voraussetzungen wurden geschaffen: Jetzt ist die Natur an der Reihe. Sie wird den Rest – die vollständige Rückverwandlung der Ems in einen echten Naturfluss – erledigen. Und hier, am Beach in Greven, kann man live dabei sein und der Natur bei der »Arbeit« zusehen. Vielleicht sogar mit einem Cocktail in der Hand oder einem 3:1-Sieg im Beachvolleyball in der Tasche.

FAZIT: EIN SCHÖNER PLATZ, UM AM FLUSS-UFER ZU CHILLEN UND DABEI DER NATUR BEIM WERDEN ZUZUSCHAUEN.

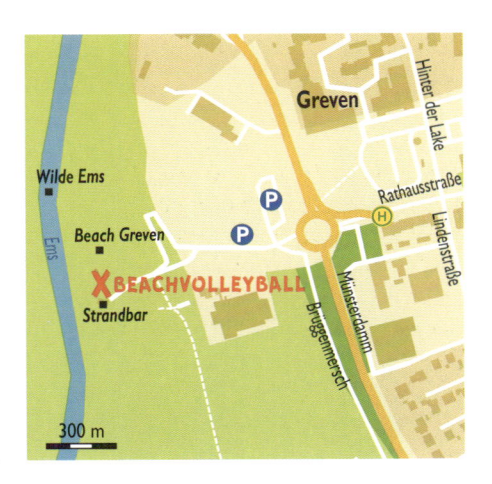

Hin & weg: Mit der Regionalbahn von Münster bis Bahnhof Greven. Mit Bus R51 bis Rathausplatz. Mit dem Auto zum Parkplatz des Hallenschwimmbades, Am Hallenbad 3, 48268 Greven.

Dauer: Zwischen 1 Std. und einem halben Tag, je nachdem, wie spannend das Volleyballmatch ist.

Beste Zeit: Im Sommer, wenn der Beach geöffnet hat.

Ausrüstung: Picknick, Getränk und ein Volleyball.

ICH BIN DANN MAL KURZ WEG

→ ... der Jakobsweg bei Schmedehausen ←

#13

Als Hape Kerkeling in seinem Buch »Ich bin dann mal weg« über den berühmten Jakobsweg schrieb, wurde der Pilgerweg noch bekannter. Hat man nicht genug Zeit, um im großen Pilgerpulk das Zwiegespräch mit Gott zu suchen, kann man das auch bei einem Spaziergang zwischen Ladbergen und Schmedehausen tun.

#Minipilgern #Muschelsucher #gemütlich

→ ABSTECHER...

In der Kirche von Schmedehausen steht eine Holzfigur des heiligen Jakobus, ein Stempel für Pilger liegt auch bereit.

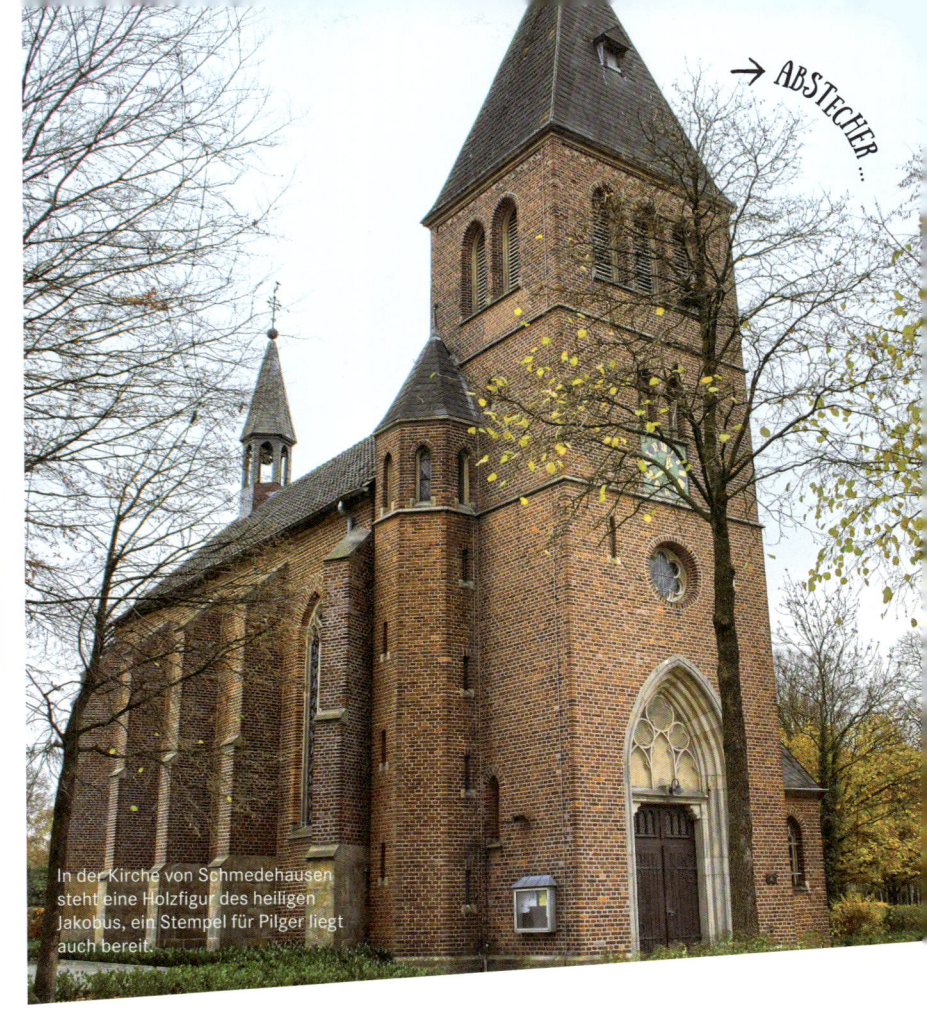

Echtes Pilgerfeeling kommt schon beim Startpunkt, der evangelischen Kirche von Ladbergen, auf. Im Gotteshaus findet man die zwei wichtigsten Indizien für einen Jakobsweg: die Muschel und den Stempel. Das Taufbecken in der Kirche ist in dem Symbol der Pilger geformt, neben dem Pilgerstempel liegt ein Gästebuch. »Der Weg ist das Ziel«, hat jemand dort notiert. Wie gut, dass dieser Weg auch noch perfekt ausgeschildert ist!

Schon nach den ersten Hundert Metern weiß man, dass man richtig ist. Ein Aufkleber auf dem Laternenmast weist die Richtung. Darauf ist die stilisierte Muschel abgebildet.

Der Weg zum lieben Gott führt zunächst über die Grevener Straße und dann durch ein kleines Industriegebiet, nach der nächsten Hinweismuschel liegt rechts ein Sportplatz. Meistens findet gerade kein Fußballspiel statt,

Da staunt das Pferd mit dem Pony. Jakobspilger wandern inzwischen auch durch das Münsterland.

dann ist es hier leer und ein wenig öd. Man könnte sagen »gottverlassen«. Doch dann steigert sich der Weg. Vorbei an ein paar Häusern, über einen unaufgeregten Feldweg kommt man zu einer Stele aus Sandstein. Oben auf dem Pfahl glänzt eine goldene Muschel, ein paar Meter weiter kann man auf einer Bank zur Ruhe kommen. Durchatmen, nachdenken. Vielleicht über Gott und die Welt?

Danach passiert man eine Wiese mit Gänsen und Pferden, Bäume säumen rechts und links den Weg, schließlich sieht man einen roten Brückenbogen. Der Dortmund-Ems-Kanal kommt in Sicht. Hier trifft man Leute, die mit ihren Hunden Gassi gehen, Jogger, Spaziergänger. Pilger eher selten. Doch die werden sofort erkannt. An der Muschel, die an ihrem Rucksack hängt und die man schon für wenige Euro on- line bestellen kann (www.shop.jakobsweg.de), an der Kleidung, die meist dicker ist als die der normalen Spaziergänger. Die Küsterin in der Ladbergener Kirche hat Erfahrung mit Pilgern und hat es so formuliert: »Man sieht es ihnen einfach an.«

Hin & weg: Mit Bus R51 kommt man von Münster aus nach Ladbergen. Startpunkt ist die evangelische Kirche in Ladbergen. Endpunkt ist die Kirche von Schmedehausen. Zurück mit Bus S50 ab Schmedehausen Pröbsting. Besser mit dem Auto anreisen bzw. sich bringen lassen.

Dauer & Strecke: Etwa 2–3 Std. Einfache Strecke rund 6 km, keine Anstiege.

Beste Zeit: Ganzjährig, besonders schön zum Jahresende, wenn man Zeit zum Nachdenken haben möchte.

Ausrüstung: Bequeme Schuhe, Pilgerpass.

Geliebter »Kanello«. Ein Teilstück des Dortmund-Ems-Kanals liegt auf der Pilgerstrecke.

Die nächste Brücke kommt in Sicht und mit ihr auch der Kirchturm von Schmedehausen. Die Tür ist meistens offen. Neben der Holzfigur des heiligen Jakobus findet man wieder einen Stempel. Mit seinem Abdruck ist es also offiziell besiegelt: Man ist ein Stück Jakobsweg gegangen. Damit ist man nun wahrlich ein Pilger!

FAZIT: MANCHMAL REICHT AUCH EIN KLEINES STÜCKCHEN JAKOBSWEG, UM SICH WIE EIN ECHTER PILGER ZU FÜHLEN.

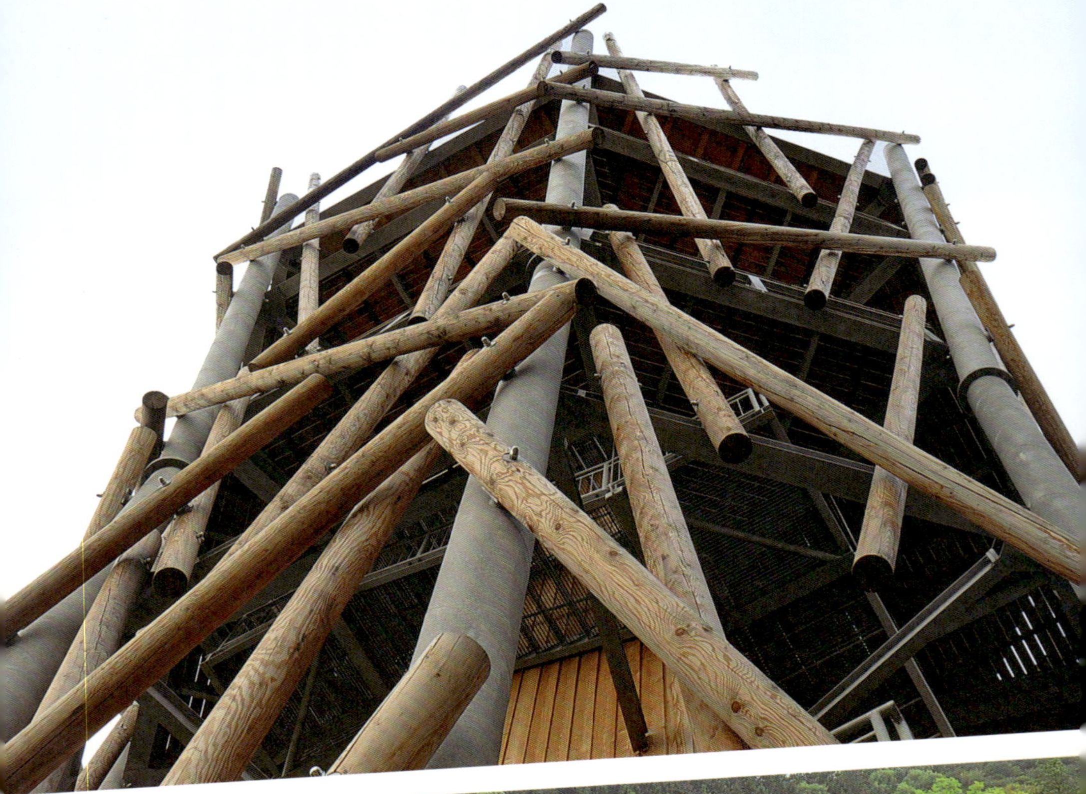

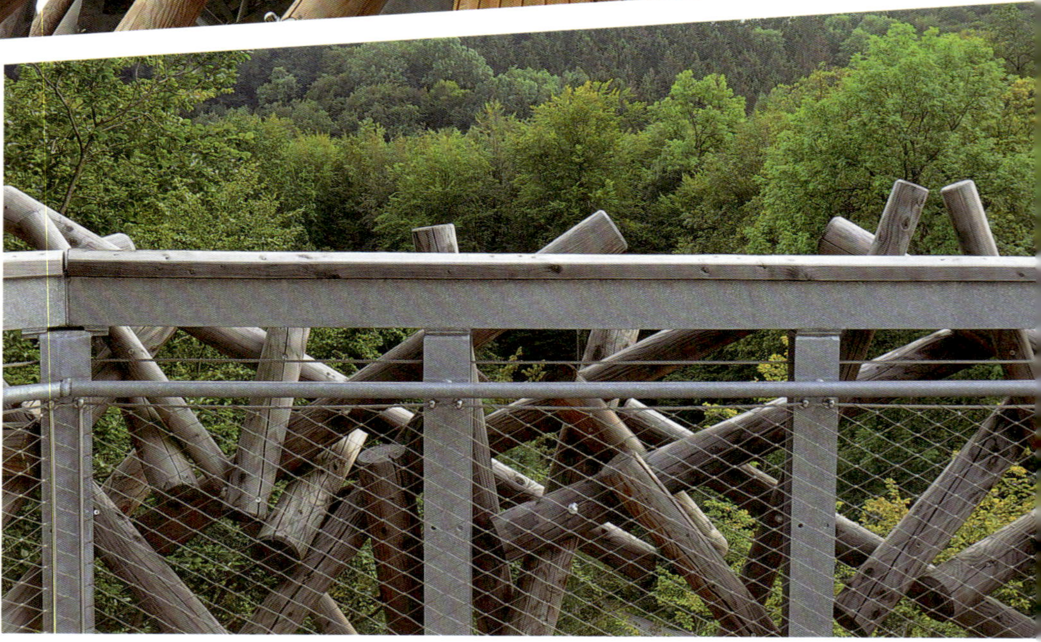

→ ABSTECHER...

VOGEL-PERSPEKTIVE

≻ ... auf dem Baumwipfelpfad in Bad Iburg ≺

#14

Die Landesgartenschau 2018 in Bad Iburg hat schöne Spuren in der kleinen Stadt am Teutoburger Wald hinterlassen. Eine davon beschert den Besuchern einen sowohl luftigen als auch lehrreichen Perspektivwechsel. Der liebevoll angelegte Baumwipfelpfad führt über Holzbohlen mitten durch die Baumkronen.

#hochoben #Höhenspaziergang #Wipfelwunder #Holzweg

Bei gutem Wetter kann es auch mal voll werden. In diesem Fall sollte man seinen Besuch auf den Abend verlegen. Die Bänke sind dann frei, und man kann in Ruhe die Rundumsicht genießen.

Der Holzturm, über den man auf direktem Wege hoch in die Baumwipfel gelangt, sieht aus, als hätte ein Riese Mikado gespielt. Vom Parkplatz aus entfaltet er sofort eine Sogwirkung auf den Besucher. Da will man hin, da muss man hoch! Doch man sollte sich nicht hetzen, sondern gemütlich schlendern. Denn schon auf dem kurzen Weg bis zum Eingangsbereich passiert man interessant kombinierte Blumenbeete und Sitzgelegenheiten. Der Blick auf das Teichidyll lässt einen sofort zur Ruhe kommen.

Nachdem man seinen Eintritt bezahlt hat, erfährt man in einer Art Minimuseum im Vorbeigehen einiges über die Geschichte unserer Erde, erzählt am Beispiel Teutoburger Wald. Der Weg nach oben führt schließlich durch besagten Turm, entweder über Treppen oder, barrierefrei, mit dem Aufzug. Ist man am Startpunkt des Pfades in 28 Meter Höhe angelangt, kann man noch eine Etage weiter steigen oder fahren. Oben wartet ein herrlicher Rundumblick auf die Burganlage und den Teutoburger Wald.

Der Pfad ist 439 Meter lang, die sich aber länger anfühlen. Immer wieder wechselt er seine

---

Hin & weg: Mit Bus 400, 465, 466 bis Bad Iburg Charlottensee. Mit dem Auto zum Parkplatz Philipp-Sigismund-Allee, 49186 Bad Iburg.

Dauer: 1–2 Std. mit Pausen.

Beste Zeit: Ganzjährig. Im Herbst leuchtet das Laub besonders schön.

Ausrüstung: Fotoapparat für die Bilder aus der Vogelperspektive. Hundebesitzer sollten Leckerlis mitbringen, denn Vierbeiner müssen unten warten.

Richtung, das Ende bekommt man wirklich erst ganz zum Schluss zu sehen. Auch gibt es unterbrechende zentrale Haltepunkte, an denen Tiere, Pflanzen, Geologie und die Entstehung von Gebirgen erklärt werden. Mal mithilfe von Ferngläsern, mal als Audio-Info, mal mit Schautafeln.

Doch die eigentliche Attraktion ist natürlich der Mischwald. Die Baumkronen sind zum Greifen nahe, manchmal ragen Äste über den Pfad. Ist man am Ende angelangt, kann man hinabsteigen und über den Waldboden zurück zum Ausgang gelangen. Oder aber man dreht noch einmal um und geht dieselbe Strecke zurück zum Aussichtsturm – einfach weil es so schön war.

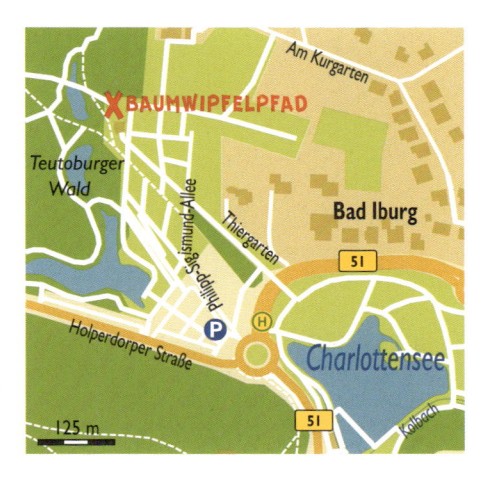

FAZIT: EIN HÖHENHOLZWEG, DER FÜR ALT UND JUNG GLEICHERMASSEN SPANNEND IST UND KEINE KONDITION ERFORDERT.

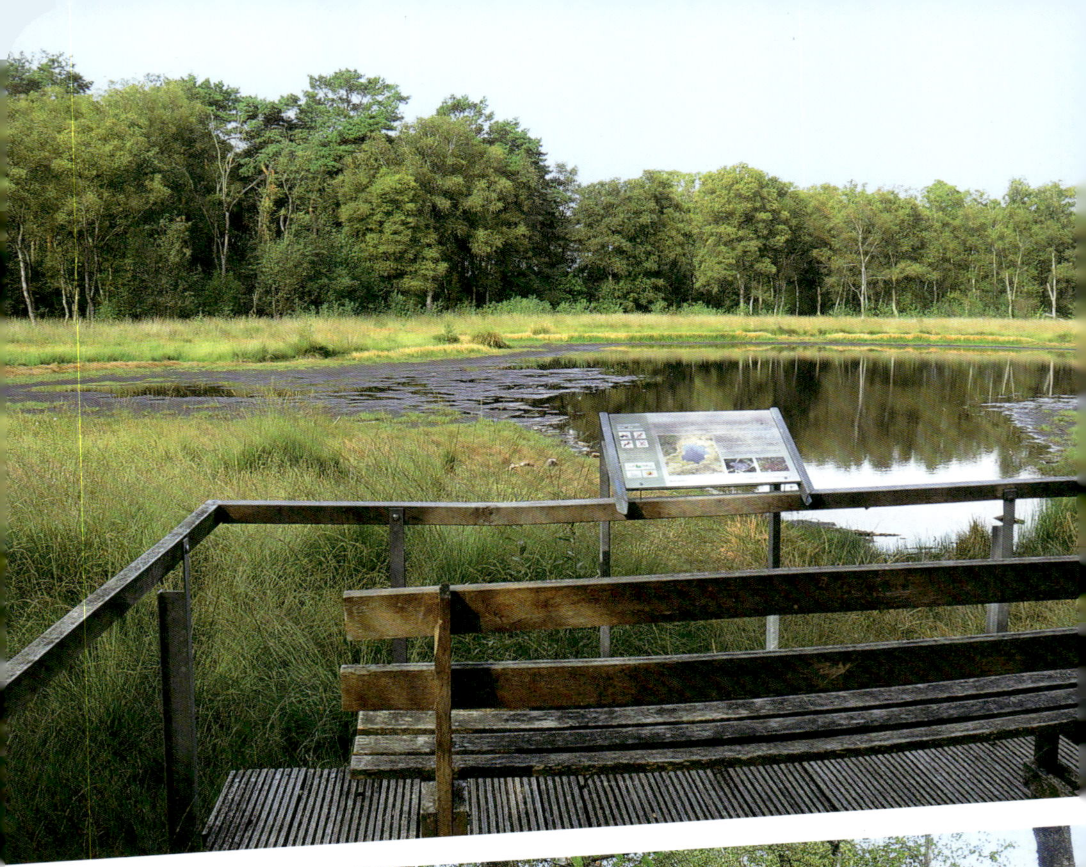

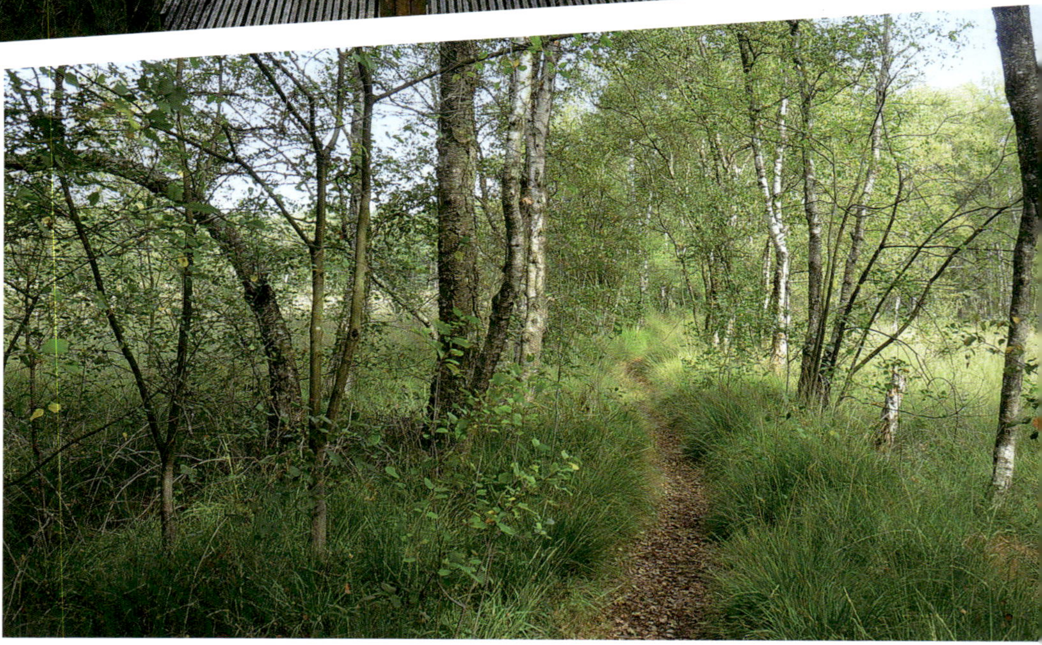

→ ABSTECHER...

COOLE KUHLE

≥ ... kleine Runde durchs Gescher Hochmoor ≤

#15   Auch wenn die Fürstenkuhle nur noch ein Überbleibsel des einst größten Moorgebiets von Westfalen ist, versetzt sie den Spaziergänger mit ihren bezaubernden Moorgewässern, nassen Moorbirken-, Bruchwäldern und Torfmoosflächen in eine mystische Stimmung.

#Moorstimmung #aufBohlen #ohneMoosnixlos

Einst wurde hier Torf abgebaut. Jetzt ist das Hochmoor Lebensraum für viele Tier- und Pflanzenarten.

Direkt am leicht verwitterten Schild, das auf den Vennetütenweg 85 hinweist, befindet sich ein kleiner Parkstreifen. Gegenüber liegt der sichtbare Eingang zur kleinen Moorrunde.

Betritt man den Wald neben dem Asphaltweg, umfängt einen sofort diese ganz besondere Stimmung einer Moorlandschaft. Der Waldboden federt herrlich bei jedem Schritt nach. Jeder Meter eröffnet einen neuen Blick auf Birkenstämme, abgestorbene Baumstümpfe mit jeder Menge Moosbewuchs. Nach ein paar Hundert Metern wird der Wald lichter, und feuchte Wiesen säumen den Weg.

Über einen Holzbohlenweg gelangt man schließlich zu einem Heideweiher, der Fürstenkuhle. Diese hat ihren Namen übrigens nicht einem adeligen Entdecker zu verdanken. Der Name leitet sich aus dem plattdeutschen »Voskenkuhle« ab, und das wiederum bedeutet schlicht und ergreifend: Fuchsloch. Seit 1942 steht die Kuhle unter Naturschutz.

Tier- und Pflanzenfreunde sollten sich gut umschauen. Denn hier wachsen Besen-, Glocken- und Rosmarinheide. Der Weiher ist von pfeifengrasreichem Birkenbruchwald umgeben. Typische Hochmoorpflanzen wie rundblättriger Sonnentau, verschiedene Wollgräser und Moose sind hier ebenfalls heimisch.

Doch vor allem ist hier Froschgebiet! Die Moorfrösche, die sich während der Paarungszeit oft leuchtend blau färben, sind tausendfach vertreten. Ebenso der Kleine Wasserfrosch und die seltene Knoblauchkröte. Kreuzotter, Waldeidechse und Blindschleiche sind hier zu

Geduld und Glück sind nötig, wenn man die blau gefärbten Moorfrösche entdecken will, die im Frühjahr Balz halten.

Hause und natürlich unzählige Enten-, Wat- und Wiesenvögel. Im Sommer schweben 32 Libellenarten über das Wasser, dazu singen Pirol und Teichrohrsänger ihre Liedchen. Manchmal quietschen die Bäume wie rostige Türen dazu.

Nach einer Pause auf der Bank an der Fürstenkuhle geht es vorbei an Heidefeldern und einer Kuhwiese zurück zum Startpunkt.

FAZIT: EINE KURZE, ABER SEHR INTENSIVE TOUR DURCHS HOCHMOOR.

Hin & weg: Mit dem Auto bis Vennetütenweg, Hochmoor (bei Gescher).

Dauer & Strecke: 1 Std., 1,8 km, mit Tierbeobachtung auch länger.

Beste Zeit: Ganzjährig, aber besonders magisch an einem feuchten Morgen.

Ausrüstung: Bequeme Schuhe, Fernglas.

RUHE FINDEN

⋝ ... auf dem Waldfriedhof Lauheide ⋜

#16

Ein Friedhof ist eigentlich ein stiller, trauriger Ort. Ein Spaziergang auf dem Waldfriedhof Lauheide jedoch macht durchaus glücklich. Denn in dem idyllisch gelegenen Areal erlebt man ganz intensiv den Einklang zwischen Leben und Tod sowie die magische Kraft der Natur.

#Stille #Einklang #Grabkultur #Gedenken #Naturerleben

→ ABSTECHER

Die Gräberfelder des Friedhofs Lauheide liegen inmitten eines schönen Waldes.

Wer früh am Morgen kommt, sollte erst einmal den Hauptweg vorbei an der großen Friedhofshalle nehmen und die paar Hundert Meter bis zum Ausgang an der anderen, nördlichen Seite gehen. Denn dort kann man einen Blick auf die dann vielleicht noch nebelverhangenen Emsauen werfen, die jenseits des Friedhofszauns beginnen. Wer Glück hat, sieht sogar ein paar der Heckrinder, die hier in freier Wildbahn auf den satten Flusswiesen grasen.

Die Naturerlebnisse bleiben einem aber auch, wenn man sich zurück auf das eigentliche Friedhofsgelände begibt. Zwar hat die Friedhofsverwaltung einen hohen Zaun angebracht, um das Damwild davon abzuhalten, in den Landschaftsgarten zu gelangen, doch dieses springt einfach höher als die Absperrung. So kann es immer wieder mal passieren, dass ein Reh durch das Gehölz auf dem Gelände bricht, wenn man es erschreckt.

Auch Soldaten der Weltkriege fanden auf dem weitläufigen Gelände des Friedhofs Lauheide ihre letzte Ruhestätte.

Auch sonst ist der Waldfriedhof ein wirkliches Naturereignis. Naturschützer zählen dort mehr als 60 Pflanzen- und 100 Vogelarten. Überall zwitschert es von den Bäumen und aus den Büschen, wenn man auf den netzartig angelegten Pfaden des 82 Hektar großen Areals unterwegs ist. Man kann sich getrost treiben lassen, denn jeder Weg bietet etwas Besonderes. Mal hat man das Gefühl, im wahrsten Sinne des Wortes im Wald zu stehen, dann hält man inne, wenn man am Soldatenfriedhof unzählige Gräber auf einer Lichtung erblickt, oder man staunt über die künstlerische Gestaltung eines Einzelgrabes. Verlaufen gehört dazu, ist aber nicht schlimm, denn ab und zu findet man Ausgangsschilder.

Immer wieder eröffnen sich helle Lichtungen. Eine besonders große dient in Eingangsnähe als anonymes Urnenfeld. Natürlich ist es traurig, an die Toten zu denken. Aber es ist auch tröstlich, dass ihre letzte Ruhestätte sich hier so harmonisch in die schöne Landschaft einfügt. Statt Gräber in Reih und Glied sieht man auf dem Spaziergang individuell gestaltete

---

Hin & weg: Mit dem Stadtbus 4 aus Münster bis Lauheide, Haltestelle direkt am Haupteingang. Keine Busverbindung von und nach Telgte. Mit dem Auto: Der Waldfriedhof liegt an der B51 zwischen Münster und Telgte und ist ausgeschildert. Am Friedhof gibt es 2 Parkplätze mit 700 Stellplätzen.

Dauer: Rund 1–1,5 Std., je nachdem, welche Wege man nimmt.

Beste Zeit: Ganzjährig, frühmorgens. Dann ist man noch alleine.

Ausrüstung: Normales Schuhwerk. Eine Blume, um sie am anonymen Urnenfeld niederzulegen.

Grabmale und Gräber auf kleinen Hängen. Außerdem erinnern Namen und Symbole an Baumgräbern an die Toten.

Man ahnt, dass dieser Ort zwischen Münster, Handorf und Telgte mit seinen sanften Hügeln und den alten Bäumen ideal für einen Friedhof ist. Bereits vor 4000 Jahren begrub man hier schon Tote. 2014 erhielt der Friedhof das Prädikat »Schönster Friedhof Deutschlands«.

Auch wenn der Waldfriedhof Lauheide mit 41 000 Grabstellen der größte städtische Friedhof Münsters ist, wirkt er überhaupt nicht so. Viele freie Flächen wurden erhalten, der große ehemalige Arm der Ems liegt als grüne Brachfläche inmitten des Parks, es ist viel Platz da. Für die Lebenden, die Toten und die magische und tröstende Kraft der Natur.

FAZIT: RUHIGE RUNDE FÜR DIE SEELE.

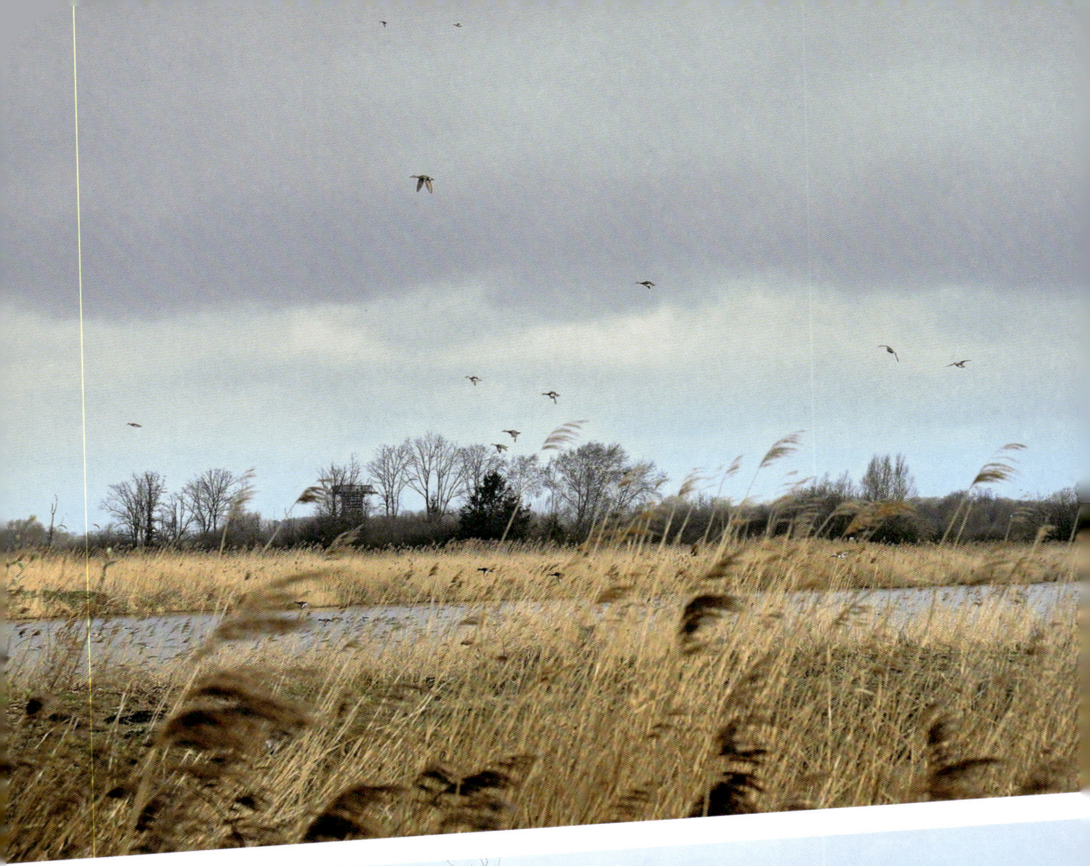

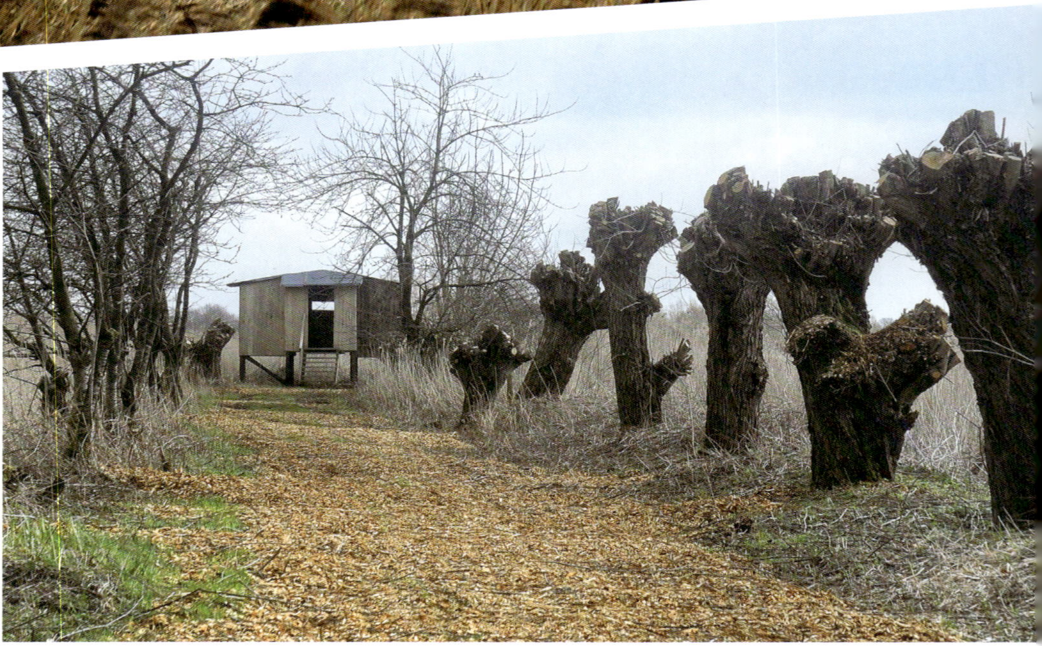

→ ABSTECHER...

FAST WIE AN DER NORDSEE

≍ ... Vögel beobachten in den Rieselfeldern ≍

#17

Eine dreckige Vergangenheit kann ein Segen sein. Aus den ehemaligen Verrieselungsflächen für die Abwässer der Stadt Münster entstand seit den 1970er-Jahren ein einzigartiges Vogelschutzgebiet mit Nordseeflair. Nur ein Spaziergang oder ein ganzer Tag auf Vogeljagd mit Fernrohr – hier ist alles drin.

#Vogelsafari #einzigartig #windig

Wehe, es weht! Wenn der Wind bläst, dann ist es in den ungeschützten Rieselfeldern ganz schön ungemütlich. Doch das wilde Wetter sorgt dafür, dass man den Aussichtsturm für sich alleine hat.

Wer am Parkplatz der Biologischen Station seine Autotür öffnet, ist sofort in einer anderen Welt. Kreischende Möwen begrüßen den Gast, ein Gänsepaar schwebt knapp über dem Kopf vorbei, und überall schnattern Enten, Enten und noch mehr Enten. Die Rieselfelder sind ein Paradies für 130 Vogelarten. Hier tummeln, gründeln und fliegen Watvögel wie der Grünschenkel und der Dunkle Wasserläufer, hier findet man Teichrohrsänger und Rohrammer, Steinkauz, Gartenrotschwanz – die Liste der unterschiedlichsten und zum Teil seltenen Arten ist damit noch längst nicht vollständig.

Begleitet von Vogellauten, geht es zunächst an der Straße Coermühle entlang Richtung Aussichtsturm. Man passiert das Wehr und Pumpwerk, das die Wiesen feucht und die Brachen nass hält, und man kann zusehen, wie auf dem Großen Stauteich immer wieder Vögel landen.

Auf der Rundgangkarte, die bei der Biologischen Station ausliegt, findet man nummerierte Stationen, die man ablaufen kann, deren Reihenfolge man aber nicht einhalten muss. Diese Tour startet bei Station 16. Bei Nummer 14, dem Aussichtsturm aus Holz, kann man eine der typischen Beobachtungshütten betreten, die man immer wieder an aussichtsreichen Stellen findet. Hier sind kleine Luken oder Klappen geöffnet, die einen Blick auf die Vogelvielfalt freigeben. Wer Zeit und Muße hat, kann sich auf die Bänke hocken und mit seinem Fernglas oder Fotoapparat postieren. Doch auch mit bloßem Auge erkennt man das bunte Getümmel auf dem Flachwasser.

100 Meter weiter wartet der Aussichtsturm darauf, erklommen zu werden. Oben gibt er einen herrlichen Rundumblick auf die Rieselfelder frei.

Spaziergänger und Radler teilen sich ganz freundschaftlich die Wege kreuz und quer durch die Brachflächen des Naturschutzgebietes.

Geht man weiter auf der Route Richtung Station 12, kann es sein, dass plötzlich ein riesiges Heckrind vor einem auftaucht. Zwar trennt ein Zaun die Vierbeiner vom Spaziergänger, aber beeindruckend sind sie trotzdem – und manchmal gehen sie auch ein paar Meter entlang der vielen Rieselbecken mit.

An Station 5 kann man auf dem Schilflehrpfad so einiges lernen, und Kindern macht das Laufen auf den Holzstegen Spaß. Wenn die richtige Zeit ist und man Glück hat, kann man von der Storchenhütte aus den Nachwuchs im großen Nest am Ende der Wiese beobachten.

Vorbei an Wiesen, kleinen Wäldchen, ursprünglichen Tümpeln und Weidenalleen geht es durch unzählige Rieselparzellen zurück zur Station. Auch dort findet sich ein kleiner Lehrpfad rund um Flora und Fauna. Ein idyllisches Plätzchen lädt zum Picknick ein. Wer nicht daran gedacht hat, Essen mitzunehmen, kann sich im Heidekrug an der Coermühle 100 stärken. Die Gaststätte liegt zwar im Süden der Rieselfelder, aber auch von dort aus kann man seine Tour mit Nordseefeeling starten – oder eben beenden.

FAZIT: HIER HABEN DIE VÖGEL DAS SAGEN.

Hin & weg: Mit dem Auto zum Parkplatz bei der Biologischen Station, Coermühle 181, 48157 Münster.

Dauer & Strecke: Für eine große Runde 2–3 Std., die Strecke ist 6 km lang. Mit Vogelbeobachtung 1 Tag.

Beste Zeit: Im Winter und kurz vorm Frühling, dann sind auch die Zugvögel zu Gast.

Ausrüstung: Fernrohr, Fotoapparat mit Teleobjektiv, Vogelbestimmungsbuch und kleines Picknick.

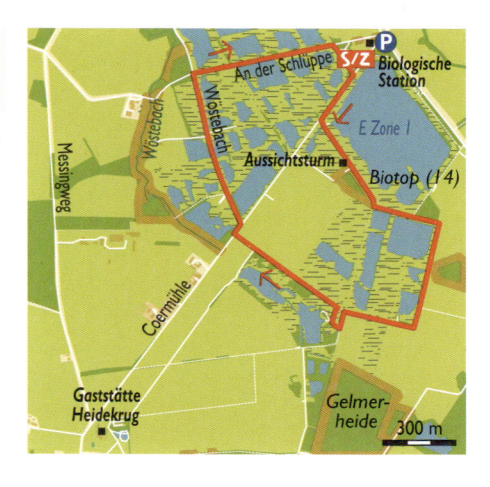

GIEBEL GUCKEN

➢ ... in den engen Gassen Warendorfs ➢

#18

Warendorf ist die Stadt des Pferdes. Doch wer sich auf eine Fotosafari oder Bummeltour durch die mittelalterlich anmutende Innenstadt begibt, wird hier und da auch ein paar Drachen entdecken. Man muss nur nach oben schauen!

#Nackenschmerzen #HansguckindieLuft #Giebelkunst #Gassenschlendern

Ein Paradies für Guck-in-die-Lufts. Überall gibt es schöne Giebel.

→ ABSTECHER

Los geht's vom Parkplatz am Lohwall über die Straße Zwischen den Emsbrücken zum Kletterpohl. Von dort aus kann man sich über die Kirchstraße zur Klosterstraße und dann entlang des Schweinemarktes und durch die Petersiliengasse treiben lassen. Denn am Ende führen schließlich die meisten Wege zum Marktplatz, über den die katholische Kirche St. Laurentius wacht.

Egal, wo man schlendert, die alten Häuser recken überall stolz ihre Giebel in den Himmel.

Krumm und schief, schick und schön. Schaut der Warendorfbesucher genau hin, entdeckt er viele besondere Häuser und Eingänge in der Altstadt und auch einige ungewöhnliche Skulpturen.

Die altehrwürdigen Geschäfte, eine Zeitungsredaktion und Gaststätten demonstrieren am Marktplatz mit ihren üppigen Schildern und den typischen Gildezeichen ihre historische Bedeutung und machen damit alle Guck-in-die-Luft- und Mittelalterfans glücklich. Enge Gassen, windschiefe Häuschen, Fachwerk – Warendorf hat all das zu bieten, was man sich von einer Zeitreise durch eine intakte Altstadt erwartet.

Die ehemalige Hansestadt an der Ems ist etwa 1200 Jahre alt und wurde während des Zweiten Weltkrieges von zerstörerischen Bombenangriffen verschont. So kann man heute noch sehen, wie liebevoll die Leute damals ihre Flaschenzüge, mit denen sie die Vorräte zu den Kammern über ihren Wohnräumen transportierten, als Drachenköppe verzierten.

Auf dem Boden der Tatsachen sieht es ebenfalls gut aus. Kopfsteinpflaster, wohin man auch geht. Wenn man Zeit hat und wenn gerade geöffnet ist, kann man in eines der dezentralen Museen schlüpfen, die kreuz und quer in der Altstadt verteilt liegen. So lohnt zum Beispiel ein Blick in die Biedermeierstube und die Panorama-Tapetenräume des Bürgerhauses in der Klosterstraße 7. Von hier aus

Hin & weg: Mit der Bahn (Der Warendorfer) stündlich von Münster. Mit dem Auto zum Gratisparkplatz am Lohwall.

Dauer: Ein halber Tag.

Beste Zeit: Im Winter gemütlich, im Sommer mediterran.

Ausrüstung: Bequeme Schuhe, Fotoapparat.

gelangt man dann in wenigen Minuten zum Markt, indem man sich am alles überragenden Kirchturm orientiert.

Der Bummel durch die alten Gassen ist beschaulich, doch wer an einem schönen Sommertag zu Besuch kommt, erlebt auf dem Marktplatz ein buntes, mediterran anmutendes Treiben. Die Gastronomen stellen dann Tische und Stühle nach draußen, und man kann in der Sonne ganz in Ruhe einen Giebel nach dem anderen betrachten. Vielleicht findet sich ja da hoch oben noch ein kleiner Drachenkopp. Viel zu gucken gibt es auch im Brauhaus Warintharpa: Zahlreiche Bilder und Originalexponate sorgen für ein gemütliches Ambiente.

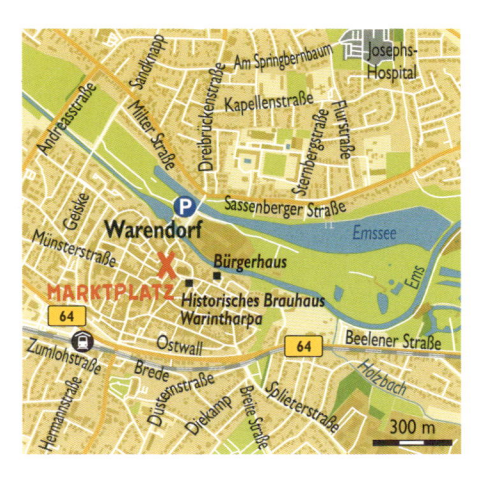

FAZIT: GEMÜTLICHER STADTBUMMEL IN DIE VERGANGENHEIT.

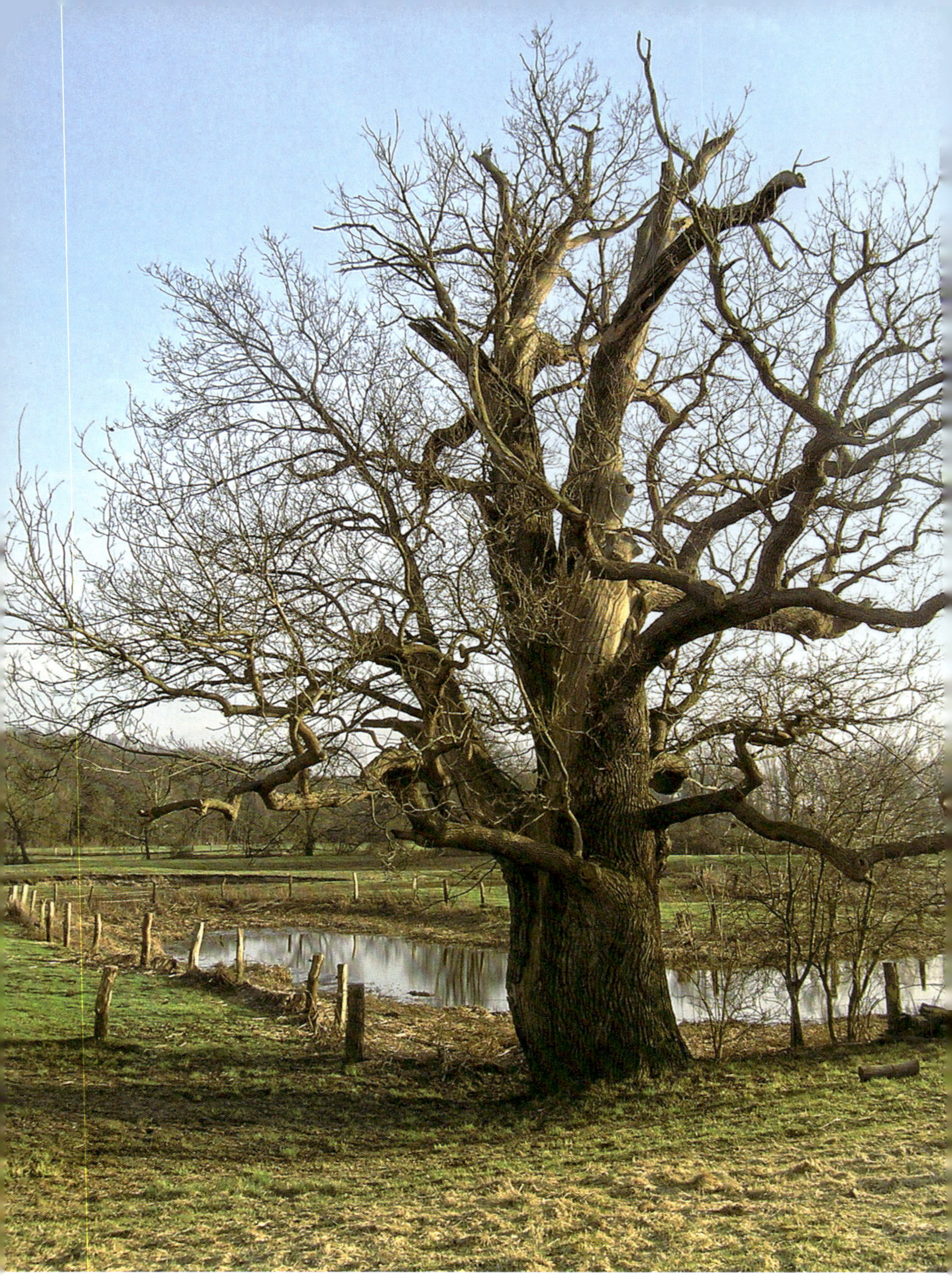

→ ABSTECHER...

DIE SCHÖNHEIT NACKTER BÄUME

→ ... in der Auenlandschaft von Ems und Bever ←

#19

Nur sieben Zugminuten von Münster entfernt liegt das kleine Dorf Westbevern-Vadrup. Naturliebhaber und Wanderfreunde sollten hier unbedingt aussteigen. Gleich zwei Flüsse schlängeln sich durch die abwechslungsreiche Auenlandschaft, und eine tausendjährige Eiche wird unablässig älter.

#Zweistromland #Baumriesen #Wassermühle #BurgHausLangen

Die Fachwerkmühle von Haus Langen ist das Wahrzeichen des kleinen Dorfes Westbevern.

gen umgefallene Bäume, wenn man Glück hat, kommen Heckrinder in Sicht.

Entlang der Ems geht es links weiter. Man läuft durch Senken zu einer Holzbrücke, auf deren Mitte eine Bank steht, die es einem erlaubt, in beide Richtungen zu schauen. Das ergibt Sinn, denn hier fließt die Bever in die Ems. Der Blick nach vorn und hinten lohnt sich also.

Gerade im Winter eröffnen sich immer wieder schöne Ausblicke auf eine Naturwiese, auf der sich weidende Rinder unter großen Bäumen zusammenfinden. Im Winter bilden diese Astgerippe einen schönen Kontrast zum Himmel.

Der Uferweg führt links durch ein kleines Waldstück und dann weiter zur Mühle Haus Langen. Hier lohnt eine Rast auf einer der Picknickbänke. Die Mühle bezaubert mit einem Wasserfall, einer kleinen Holzbrücke, einer Fischtreppe und der guten Aussicht auf eine tausendjährige Eiche. Auf der anderen Straßenseite liegt eine Burg, einst bewohnt von den Rittern derer zu Langen. Damals wie jetzt noch abgeschirmt von einer Gräfte, die man umrunden kann – und wegen des liebevoll angelegten Baumlehrpfades auch sollte.

Wer mit der Eurobahn aus Münster anreist, geht zunächst zum Kreisverkehr, in dessen Mitte ein Plastikpferd steht. Dort links abbiegen Richtung Dorfzentrum. An dem Abzweig mit dem Schild »Alle Richtungen« rechts gehen, dann dem Schild Richtung Sportplatz folgen. Nachdem man unter der Grevener Straße durch eine Unterführung gegangen ist, links halten und dann wieder rechts abbiegen, sobald Haus Langen ausgeschildert ist.

Wenn man eine kleine Kapelle passiert hat, hält man sich rechts und verlässt den Asphaltweg. Über eine breite Schotterpiste geht es an Feldern vorbei in einen Wald. Wenn man sich links hält, wechselt der Untergrund erneut. Die Wanderschuhe betreten nun sandigen Untergrund – denn die in großen Teilen bereits renaturierte Ems wartet am Ende dieser Strecke. Auf der anderen Uferseite lie-

Das nächste Ziel ist die Fledermaushütte (Krinkhütte). Der Weg dorthin führt vorbei an der Gräfte, durch schönen Mischwald und über die Bever. Nach einer Pause geht es weiter

In Gedenken an die Fledermäuse, die einst an der Picknickhütte gelebt haben, wurde dieses Kunstwerk aufgestellt. Wanderer können die Krinkhütte »Zur Fledermaus« für eine Rast nutzen.

geradeaus und bergan. Man quert die viel befahrene Grevener Straße und folgt links dem sogenannten Kirchpättken, das an einer Pferdewiese vorbeiführt. Über die Lütken Heide geht es schließlich zurück ins Dorf auf die Grevener Straße. Dort kann man sich die Zeit bei einem Piesers in der gleichnamigen Gaststätte vertreiben, bis der nächste Zug einen wieder mitnimmt aus dieser kleinen, ruhigen Oase direkt neben Münster.

FAZIT: DURCH AUEN WANDERN — AUCH KAHLE LANDSCHAFT KANN SCHÖN SEIN, UND DAS ALLES IN GROßSTADTNÄHE.

Hin & weg: Mit der Eurobahn (stündlich: Münster-Osnabrück) bis Bahnhof Westbevern.

Dauer & Strecke: 1,5 Std., etwa 4 km.

Beste Zeit: Herbst und Winter, dann kommen die bunten oder auch nackten Bäume am besten zur Geltung.

Ausrüstung: Festes Schuhwerk, Picknick für eine Pause in der Fledermaushütte.

SIEBEN AUF EINMAL

≥ ... Kirchenrallye durch Münster ≤

#20

Der Spruch ist abgegriffen und stimmt nicht einmal: »In Münster regnet es, oder es läuten die Glocken.« Die Niederschlagshäufigkeit liegt nämlich nicht über dem Durchschnitt, die Kirchendichte allerdings schon. Auf einer Tour durch Altstadt und Fußgängerzone passiert man sieben besondere Exemplare.

#TourdurchMünster #Geschichte #Käfige #Türmerin

→ ABSTECHER

Die innerstädtische Aa fließt gemächlich durch ein Betonbett. Ihre idyllischen Uferwege dienen so manchem Fußgänger als Abkürzung.

Durch den Hauptausgang des Hauptbahnhofes quert man die mehrspurige Bahnhofstraße über die Windthorststraße. An einer Fußgängerampel weiter geradeaus. Links kommt ein kleiner Park mit einem Spielplatz in Sicht, dann quert die Promenade den Weg. Früher verlief an dieser Stelle einmal eine Stadtmauer, jetzt ist hier freie Fahrt für Fußgänger und Radler – typisch Münster. Radverkehr hat hier einen hohen Stellenwert. Münster wird oft auch als Fahrradstadt bezeichnet.

Links auf die Promenade abbiegen, dann rechts in die Straße Verspoel. An der Ecke zur Ludgeristraße rechts zur St.-Ludgeri-Kirche abbiegen. Das ist die erste Station der Kirchenrallye.

Weiter geht's die Fußgängerzone (Ludgeristraße) entlang, schließlich rechts über Klarissen- und dann Stubengasse zur etwas verdeckt liegenden Clemenskirche. Sie bezaubert mit ihrem üppigen Innenleben – also unbedingt die Tür öffnen und staunen.

Weiter geht's in die nächste Einkaufsstraße, die Salzstraße. Dort befindet sich die Dominikanerkirche, die ein sehr berühmtes Kunstwerk beherbergt. Das Pendel von Gerd Richter schwingt dort in aller Ruhe hin und her und beweist dem Betrachter, dass die Erde tatsächlich rotiert.

Das nächste Ziel ist die Kirche St. Lamberti. Sie ist vor allem berühmt für ihre Käfige, die hoch oben am Turm hängen und an brutale Zeiten erinnern. Denn dort wurden einst die Leichen der Widertäufer aufgehängt, um das Volk zu mahnen, keine weiteren Aufstände gegen die Kirche anzuzetteln. Wer abends kommt, kann das Tuten der Türmerin hören, die dort ab 21 Uhr halbstündig ihren historischen Dienst versieht und über den Dächern von Münster nach Feuern Ausschau hält.

Danach folgt die mächtigste Kirche Münsters: der St.-Paulus-Dom, dessen blau schimmernde Turmdächer schon aus der Ferne zu erkennen sind. Wer Glück hat, ist an einem Samstag hier. An diesem Wochentag sorgt ein lebendiger Markt für ein ganz besonderes Flair auf dem Domplatz.

Ein bisschen abwärts quert der Weg danach das kleine Flüsschen Aa. Kurz dahinter liegt das nächste Ziel: die Überwasserkirche mit ihren hohen Türmen.

Nummer sieben der Kirchenrallye durch Münster ist die Petrikirche, für die man ein kurzes Stück zurück Richtung Dom geht und dann rechts dem Weg an der Aa folgt. Vorbei an Universitätsgebäuden und dem modernen LWL-Museum für Kunst und Kultur kann man

Der Markt am Dom ist sicher einer der schönsten des Münsterlandes. Hier treffen sich Studenten, Hausfrauen und Bürohengste auf einen Backfisch, am Blumenstand oder beim Gewürzhändler.

noch über den Prinzipalmarkt schlendern und das historische Rathaus anschauen, in dem einst der Dreißigjährige Kriege beendet wurde. Danach geht es zurück zum Bahnhof.

Tipp: Wer Lust hat, kann an diese Kirchentour noch eine Shoppingtour anschließen. Es gibt diverse Einkaufsmöglichkeiten in der Innenstadt von Münster.

FAZIT: EINE BEEINDRUCKENDE ALTSTADT-TOUR DURCH DIE KIRCHENGESCHICHTE.

Hin & weg: Mit der Bahn bis Hauptbahnhof Münster.

Dauer & Strecke: 1 Std. (ohne Besichtigung), etwa 2,5 km, ein halber Tag mit Besichtigungen.

Beste Zeit: Geht immer, auch im Winter schön, weil man sich in den Kirchen zwischendurch aufwärmen kann.

Ausrüstung: Stadtplan, Tragetaschen (für den Fall, dass man in der Shoppingstraße doch noch etwas kauft).

2. KAPITEL
AUSFLÜGE

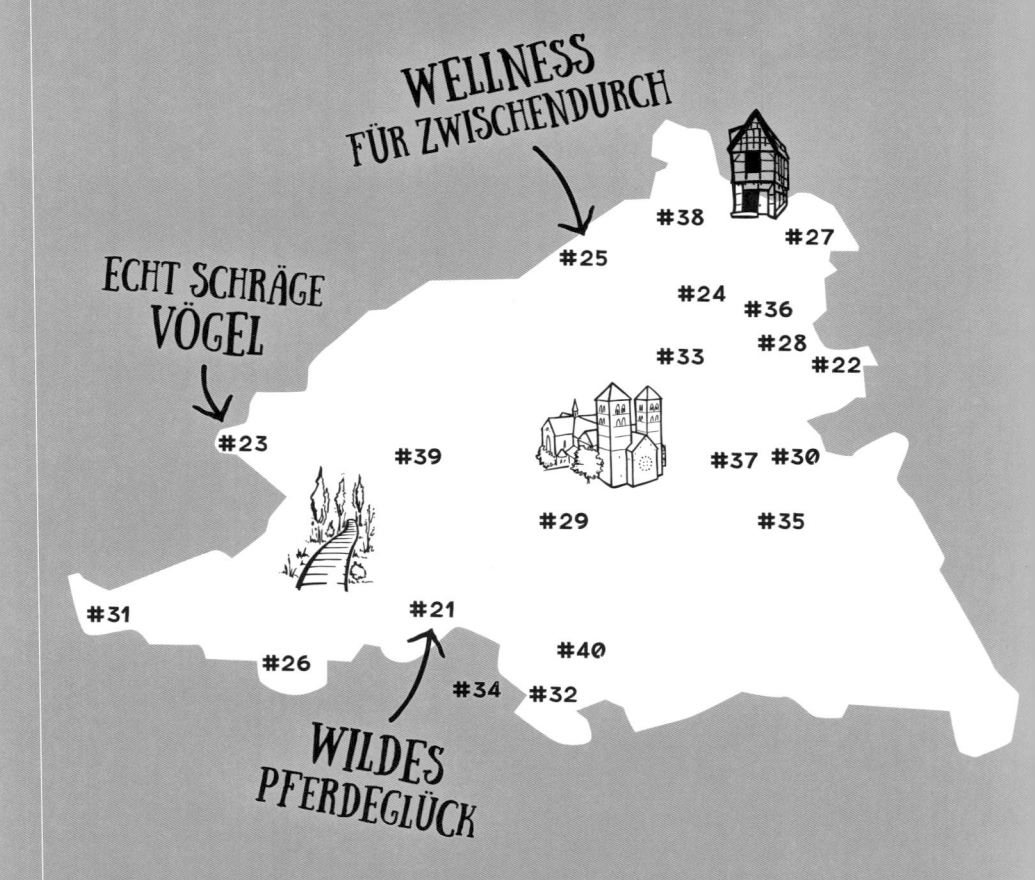

WELLNESS FÜR ZWISCHENDURCH ↙

ECHT SCHRÄGE VÖGEL ↙

#25 #38 #27
#24 #36
#33 #28 #22
#23 #39 #37 #30
#29 #35
#31 #21
#26 #40
#34 #32

WILDES PFERDEGLÜCK

Raus für einen Tag

Ein gemütliches Felsenpicknick, Brombeeren am Wegesrand pflücken, mit dem Fahrrad über mehrere Grenzen radeln – manchmal reicht schon ein Tag, um richtig weg zu sein.

12 H

#21	... im Merfelder Bruch	Seite 92
#22	... in Bad Iburg	Seite 96
#23	... im Zwillbrocker Venn	Seite 100
#24	... zu den Dörenther Klippen	Seite 104
#25	... im Salinenpark Rheine	Seite 108
#26	... rund um Schloss Raesfeld	Seite 112
#27	... am Niedringhaussee	Seite 116
#28	... am Lengericher Canyon	Seite 120
#29	... von Havixbeck nach Billerbeck	Seite 124
#30	... durchs Grenzgebiet	Seite 128
#31	... in der Anholter Schweiz	Seite 132
#32	... in der wilden Steveraue	Seite 136
#33	... im Saerbecker Badesee	Seite 140
#34	... in der Westruper Heide	Seite 144
#35	... Waldwandern im Münsterland	Seite 148
#36	... der Hexenpfad in Tecklenburg	Seite 152
#37	... am Dortmund-Ems-Kanal	Seite 156
#38	... das Naturschutzgebiet Heiliges Meer	Seite 160
#39	... von Legden nach Ahaus	Seite 164
#40	... durch Lüdinghausen	Seite 168

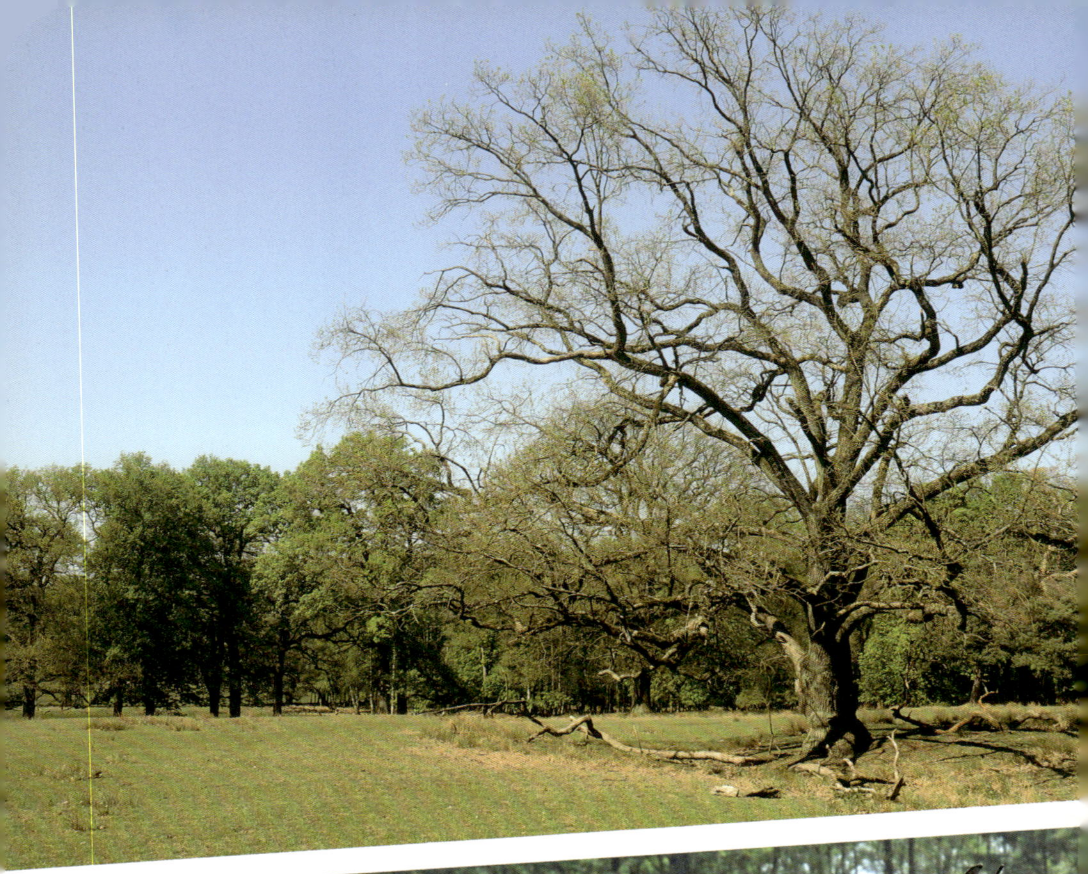

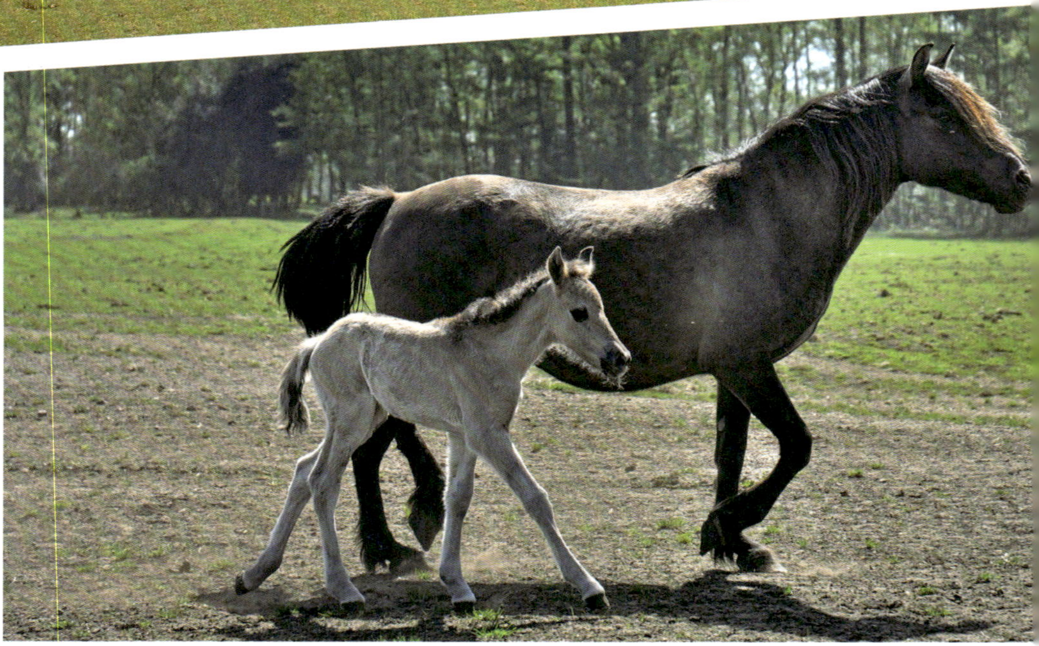

→ AUSFLÜGE...

WO DIE WILDEN PFERDE WOHNEN

⇀ ... Herdeschauen im Merfelder Bruch ↽

#21

Dülmen liegt zwar nicht in Texas, aber die Sache mit den wilden Pferden und den Cowboys, die haben sie dort auch drauf. Der berühmte Wildpferdefang lockt jedes Jahr Tausende Zuschauer für einen Tag in die Arena im Merfelder Bruch. Doch auch ohne dieses Spektakel lohnt ein Herdenbesuch.

#Cowboyfeeling #wildeHerde #kleineHengste

Die Junghengste der Dülmener Wildpferde sind heiß begehrt bei Pferdefreunden und -züchtern.

Lebensraum (Niedermoore und Auen) verschwand allerdings nach und nach, und vermutlich wäre es den Tieren ähnlich ergangen, hätte nicht Alfred von Croy im Jahre 1847 auf dem heutigen Gelände für ihren Erhalt gesorgt, indem er die Tiere dort in Ruhe in ihrem natürlichen Umfeld leben ließ.

Sehen Besucher heute die große Herde in der Ferne grasen, berührt diese Ursprünglichkeit tatsächlich sofort alle Sinne und vor allem das Herz. Langsam nähert man sich auf dem breiten Weg vorbei am Waldrand der Arena, in der die einjährigen Hengste jedes Jahr aussortiert werden, um Territorialkämpfen vorzubeugen. Weiter geht's über die Grünfläche zum Wasserloch. Wenn es warm ist, tummeln sich dort die Stuten mit ihren Fohlen, die frechen Junghengste und badewillige Althengste. Sie saufen Wasser, sie wirbeln es mit ihrem Vorderbein auf, sie wiehern. Es ist ein Kommen und Gehen, ein Galoppieren, und hier und da legen sich die Jüngsten auf der Weide in den Schatten, den ihre Mütter ihnen mit ihrem Leib spenden. Ein Zaun trennt zwar den Menschen vom Tier, doch die Pferde verhalten sich so natürlich, dass man ihn fast vergisst.

Ein schmaler Asphaltweg führt den Autofahrer zur Wildpferdebahn. Nach einem kleinen Zwischenstopp am urigen Kassenhäuschen, an dem noch ohne jeden technischen Schnickschnack ein freundlicher Mensch das moderate Eintrittsgeld kassiert, befindet man sich im Pferdeland. Empfangen wird man von einem großzügigen Picknickplatz unter Nadelhölzern, der fast mediterran anmutet. Eine riesige, freie, kurz gefressene Wiesenfläche lädt das Auge zum Weitschauen ein. Ein Wald rahmt den beruhigenden Anblick ein. In der Ferne sieht man sie bereits: die Herde.

Etwa 300 Tiere leben hier im Merfelder Bruch, einem etwa 350 Hektar großen Naturschutzgebiet, in ihren familiären Verbänden unter sich. Die robuste und freundliche Rasse wurde übrigens zum ersten Mal 1316 erwähnt. Ihr

Das Publikum besteht aus vielen Hobbyfotografen, deren Fotoapparate mit großen Teleobjektiven ausgerüstet sind. Die Auslöser klackern leise und in schneller Folge. Es gibt einfach so viele besondere Momente, die man hier gerne festhalten möchte. Manche Besucher lassen sich auf der Wiese nieder und schauen einfach nur lächelnd zu. Leise ist es. Ruhig. Friedlich.

Ein wenig zugefüttert wird schon, wenn es mit dem frischen Gras knapp wird. Ansonsten wird die wilde Herde aber weitestgehend sich selbst überlassen.

Nur schweren Herzens begibt man sich zurück zum Parkplatz. Die schönen, idyllischen Bilder bleiben noch eine ganze Zeit im Kopf. Am Parkplatz kann man picknicken oder sich – ein paar Kilometer entfernt im Waldgasthaus Waldfrieden – stärken. Hier kann man in einem gemütlichen Ambiente Gerichte nach Münsterländer Art genießen.

FAZIT: DIE FRIEDLICHE MAGIE DER WILDPFERDE ERLEBEN UND SPÜREN.

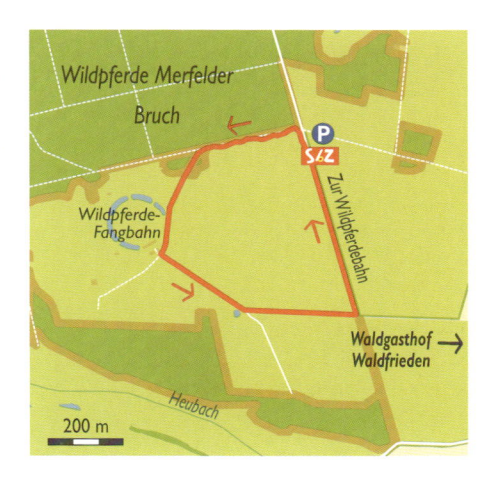

Hin & weg: Mit dem Auto zu den Wildpferden, Zur Wildpferdebahn, 48249 Dülmen.

Dauer & Strecke: Der Weg zu den Pferden dauert eine Viertelstunde, beobachten könnte man sie aber einen halben Tag. Die Strecke ist rund 2 km lang.

Beste Zeit: Ein warmer Tag Anfang Mai. Dann sind schon die Fohlen geboren, aber die kleinen Hengste sind noch nicht »aussortiert«.

Ausrüstung: Fotoapparat mit Teleobjektiv, Fernglas und vielleicht eine kleine Sitzunterlage.

DA BLÜHT UNS WAS!

≥ ... Lerchensporn-Spurensuche in Bad Iburg ≤

#22

Eine Burg als Wahrzeichen, ein See mit Tretbooten, ein neuer Baumwipfelpfad und unzählige Wanderpfade drum herum – das würde schon reichen, um Bad Iburg zu einem der beliebtesten Ausflugsziele der Region zu machen. Doch hier gibt es noch ein Highlight obendrauf: die einzigartige Lerchenspornblüte.

#kleinerBerg #Blütensuche #Kammweg

→ AUSFLÜGE

Rennen an den Hängen: Der Teutoburger Wald mit seinen Hügeln und Erhebungen macht's möglich.

Rund um den Wanderparkplatz Kleiner Freeden sieht es so einladend aus, dass man am liebsten schon eine lange Pause machen will, bevor es überhaupt losgeht. Doch auch wenn Bad Iburg von vielen Menschen wegen der ehrwürdigen Burg inmitten der Stadt besucht wird, der Berg ruft. Oder besser, der Lerchensporn, dessen Blüten den kleinen Berg Freeden bei Bad Iburg alljährlich im April zum Leuchten bringen sollen.

Auch wenn die Runde mit dem Namen Freedenblüte dank der Terra-track-Ausschilderung leicht zu finden ist, verwirren mitunter die vielen Schilder beim Einstieg der Tour. Doch am Ende ist klar: Egal, ob man dem Pfad nach oben oder weiter parallel geradeaus folgt, man läuft immer richtig.

Auf dieser Tour folgt man dem Pfad links nach oben. Ein relativ steiler Anstieg führt den Wanderer über einen schön verschlungenen Weg zu einem Bergkamm. Hier müsste es jetzt eigentlich losgehen mit dem einzigartigen Lerchensporn und dessen leuchtenden Blüten. Doch obwohl die Jahreszeit passt, lässt sich die

Im Teutoburger Wald befinden sich die einzigen Höhenlagen des Münsterlandes.

Pflanze nicht blicken. Dafür entschädigen die hellgrünen Baumwipfel und die Buschwindröschen, die allerorten weiße Tupfer auf den Waldboden zaubern. Auch wenn der Weg den hübschen Namen Freedenblüte trägt, befindet man sich hier auf dem bekannteren Hermannsweg. Dieser zweigt nach einem Stück auf dem Kamm schließlich ab, und es geht hinab vom Kleinen Freeden zu einer schmalen Holzbrücke, die über einen Bach führt. Man gelangt zu einer Schutzhütte, an der es sich auf den zahlreichen Bänken gut pausieren lässt.

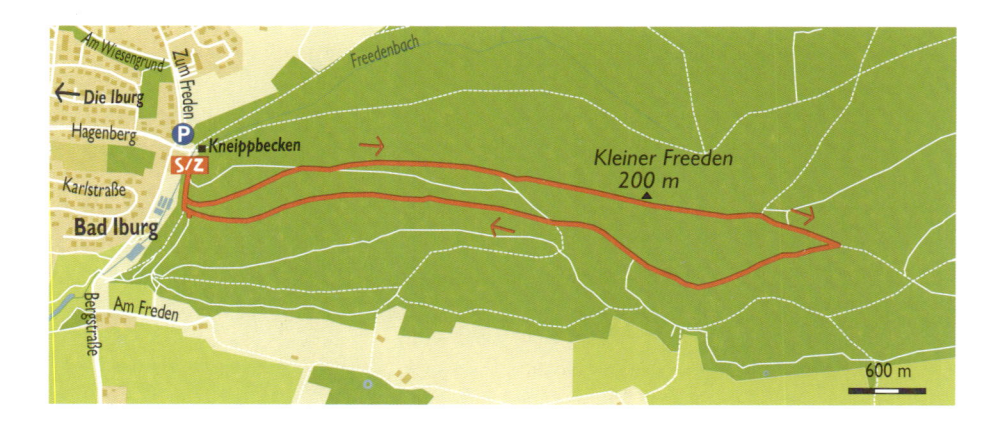

Eiskalte Regeneration. Eine Runde im Kneippbecken ist der perfekte Ausklang der Freedenwanderung.

Die Tour führt nun entlang der Südflanke des Berges. Zum Glück muss man nur kurz eine asphaltierte Straße passieren, dann geht es wieder in den Wald hinein. Wer hier nach Lerchensporn sucht, kann auch bei mauem Wachstum tatsächlich einige der Pflänzchen entdecken. Von einem Farbteppich kann allerdings nicht immer die Rede sein, extrem trockenes Wetter kann das Blütenwachstum einschränken. Störend ist das jedoch nicht, schließlich ist der Weg das Ziel. Und der ist ausgesprochen abwechslungsreich.

Entlang der Nordflanke gelangt man zurück zum Parkplatz und kann nun endlich die schon zum Start herbeigesehnte lange Pause machen. Auf den Ruhebänken lässt es sich herrlich entspannen, auf einer riesenhaften Sitzgelegenheit kann man die Beine baumeln lassen. Das Beste für alle müden Spaziergänger ist allerdings eine Barfußtour durch das eiskalte Wasser des Kneippbeckens. Da wird man nicht nur wieder wach, sondern stärkt noch die eigene Gesundheit.

FAZIT: AUCH WENN DER LERCHENSPORN NICHT BLÜHT, EINE SCHÖNE NATURTOUR.

Hin & weg: Mit dem Auto zum Wanderparkplatz Kleiner Freeden am Ende der Straße Hagenberg, 49186 Bad Iburg.

Dauer & Strecke: Samt Pausen und Kneipptour gut 3 Std., die Strecke ist 8 km lang.

Beste Zeit: Freedenblüte ist im April (aber nicht immer üppig!).

Ausrüstung: Fotoapparat, falls man doch noch Lerchensporn entdeckt. Kleines Handtuch für die nassen Füße nach dem Kneippen.

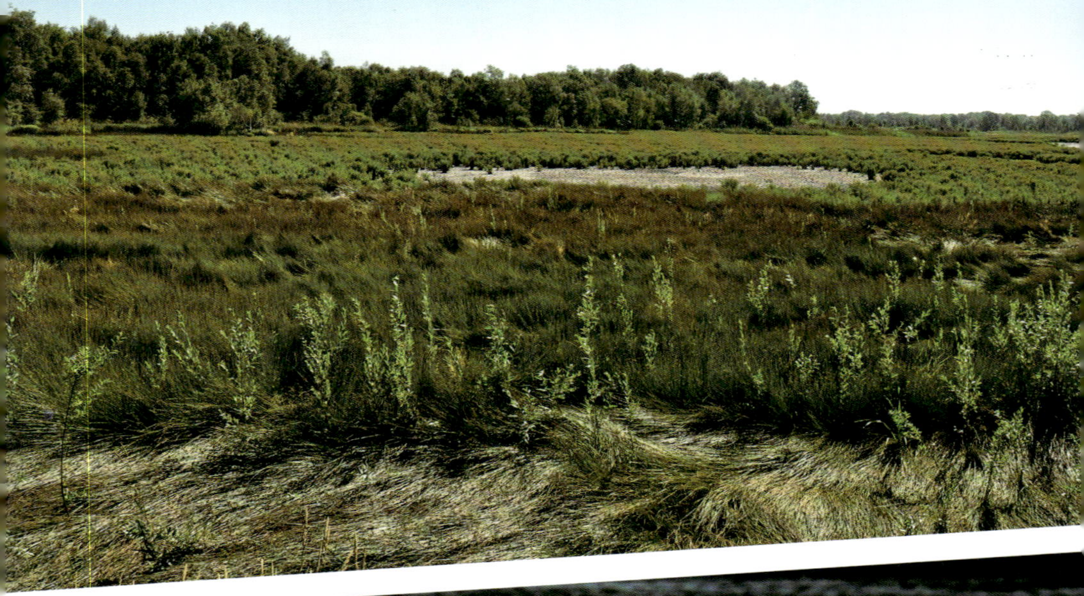

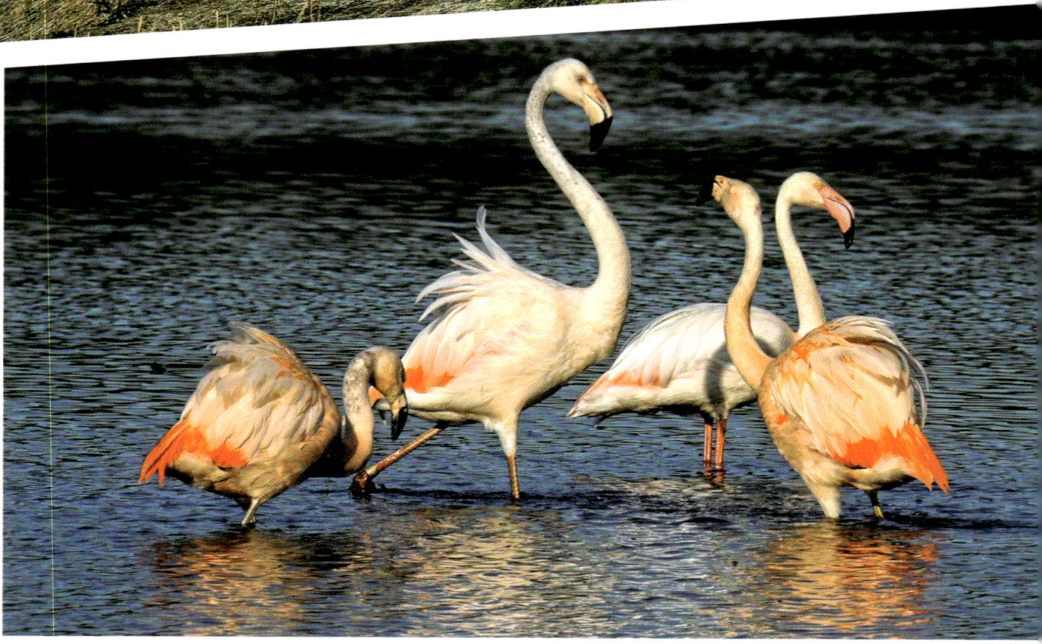

→ AUSFLÜGE

PRETTY IN PINK

... bei den Flamingos im Zwillbrocker Venn

#23

Das Vogelschutzgebiet Zwillbrocker Venn begeistert mit seiner außergewöhnlichen Natur, mit seiner Moor- und Heidelandschaft, den flachen Seen und den üppigen Feuchtwiesen und lohnt schon deshalb den Besuch. Doch berühmt ist es für seine exotischen Stars in rosarotem Federkleid – die Flamingos.

#Vogelschutzgebiet #Lachmöwenkolonie #Flamingopaparazzi

Fernglas mitnehmen! Dann lässt sich der europäische Rosaflamingo ganz genau beobachten.

Die Wanderkarte kann getrost in der Tasche bleiben. Schon wenige Meter vom Parkplatz entfernt findet sich das erste Schild, das auf einen schönen Rundweg hinweist. Dieser ist in der Schautafel, die ebenfalls am Parkplatz steht, noch nicht verzeichnet, ähnelt aber den dort angezeigten Wegen. Also: Nicht verwirren lassen, einfach den Hinweisen Zum Rundweg über eine Eichenallee folgen!

Wie es sich für einen ordentlichen Rundweg gehört, kann man ihn problemlos in beide Richtungen gehen. Diese Tour hält sich am Startpunkt geradeaus. Über urige Waldpfade, vorbei an Moorlandschaften, über Sandböden erreicht man die Westkanzel: Einen Beobachtungsposten, von dem aus man über den großen, flachen See schauen kann und der sozusagen das Zentrum des Zwillbrocker Venns bildet. Die größte binnenländische Lachmöwenmeute Deutschlands krakeelt hier auf und über dem Wasser.

Weiter geht's durch abwechslungsreichen Wald, über Kuhweiden, zu einer Aussichtsbank. Von hier aus blickt man über typisch münsterländische Felder und sieht in der Ferne landwirtschaftliche Höfe.

Birken säumen den folgenden langen, geraden Pfad. Hier und da ruft ein Kuckuck, schließlich gelangt man zu einem Unterstand, in dem man anhand von Schautafeln Wissenswertes über Schafe erfahren kann, die hier zur Landschaftspflege eingesetzt werden.

Vorbei an einer riesigen Heidefläche kommt man zum Höhepunkt der Tour, dem Aussichtsturm. Hier postieren sich die Hobbyfotografen mit ihren Teleobjektiven und hoffen auf große

Weitsicht: Zur abwechslungsreichen Vennlandschaft gehören auch solche unberührten Heidelichtungen.

Flamingo-Motiv-Beute. Manchmal leider vergeblich. Denn wenn es im Hochsommer heiß ist, kann es sein, dass man zwar viele tolle Vogelfotos von Enten und Möwen machen kann, die Flamingos sich aber versteckt halten.

Zum Ende der Naturrunde empfiehlt sich noch ein Besuch in der Vredener Kirche. Danach kann man sich eine Erfrischung im Biergarten Kloppendiek, direkt vor der Kirche, gönnen.

FAZIT: MAN KOMMT VIELLEICHT WEGEN DER FLAMINGOS, DOCH ALLEIN DIE VENNLANDSCHAFT LOHNT EINEN BESUCH.

Hin & weg: Mit dem Auto zum Parkplatz an der Biologischen Station, Zwillbrock 10, 48691 Vreden.

Dauer & Strecke: 1,5 Std. Gehzeit. Wer Vögel beobachtet, sollte mehr Zeit einplanen. Die Strecke ist 5,8 km lang.

Beste Zeit: Mai/Juni, wenn die Flamingos Nachwuchs haben und sich noch nicht vor der Hitze verstecken.

Ausrüstung: Fernglas und Teleobjektiv.

ON THE ROCKS

➤ ... Felsentour zu den Dörenther Klippen ☚

#24

Was für eine Legende! Einst soll eine Mutter ihre Kinder auf ihren Schultern tragend vor der Flut gerettet haben. Dabei erstarrte sie zu Stein. Das Hockende Weib ist die bekannteste Felsformation der Dörenther Klippen, die entlang eines Kammweges zu einem aussichtsreichen Picknick einladen.

#legendäreFelsenmutter #Ausblicke #Sandsteinglück #Stolpergefahr

→ AUSFLÜGE

Bizarre Felsformationen sind das Markenzeichen der Dörenther Klippen.

Nein, die Dörenther Klippen sind kein Geheimtipp mehr. Die Ausblicke von den Felskuppen ins Tecklenburger Land und über das weite Münsterland sind einfach zu einmalig, als dass sie sich nicht schon früher herumgesprochen hätten. Deshalb erwanderten bereits Ende des 19. Jahrhunderts viele Ausflügler den steinreichen Kammweg bei Ibbenbüren.

Der berühmte Fernwanderweg Hermannsweg verläuft hier, nebenan entstanden mit Märchenwald und Sommerrodelbahn weitere touristische Attraktionen. So kann es sein, dass der Wanderparkplatz Dörenther Klippen an der B219 gegen Mittag nicht mehr allzu viele Lücken aufweist. Besser beginnt man seine Felsentour also morgens oder am späten Nachmittag. Wer außerdem nicht den kürzesten, direkten Weg zum Hockenden Weib wählt, sondern den Schildern Teutoschleife links herum folgt, hat auf jeden Fall eine ruhige Tour ohne Rummel vor sich.

Auch unterhalb der felsigen Dörenther Klippen gibt es reizvolle Pfade und Wege.

Auf einem breiten Weg gelangt man an großen Farnfeldern vorbei zum Ehrenfriedhof. Hier liegen die Soldaten begraben, die am 3. April 1945 bei Kämpfen mit den alliierten Truppen sterben mussten.

Der Weg führt zu einer großen Rasthütte, bei der man sich entscheiden kann: Abkürzung (rechts abwärts) oder lange Route (links über Stock und Stein). Der Stock-und-Stein-Weg lohnt sich! Über schmale, abwechslungsreiche Stein- und Sandpfade gelangt man auf eine Lichtung.

Später passiert man eine kleine Holzbrücke. Wer einen Hund dabeihat, kann ihn dort im dahinplätschernden Bach trinken lassen. Weiter geht's an ersten vereinzelten Felsbrocken vorbei. Nachdem man Bahngleise überquert und ein paar Häuser hinter sich gelassen hat, eröffnet sich eine Obstwiese mit einem kleinen Open-Air-Museum, das einem die heimischen Apfelsorten näherbringt.

Vom Wanderparkplatz aus erreicht man schnell den Wald, vorbei am Campingplatz. Dort zweigt der Weg links ab, bevor es ziemlich steil bergauf geht. Insgesamt weist diese Tour durchaus einige Höhenmeter auf, es werden am Ende etwa 400 sein, die man zurücklegt.

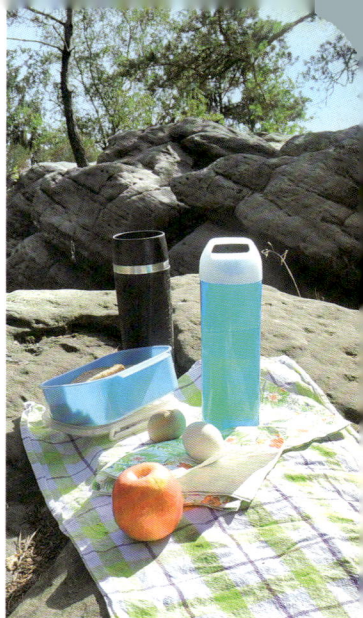

Sitzgelegenheit aus Stein. Es gibt kaum einen Wanderer, der sich nicht auf die Felsen hockt, wenn er oben angelangt ist. Zu schön ist einfach die Aussicht.

Dann geht es wieder aufwärts. Mit Blick auf den Dreikaiserstuhl, den höchsten Felsen im südöstlichen Teil der Klippen, lässt es sich herrlich picknicken. Diese Essenspause mit Aussicht sollte man sich nicht entgehen lassen. Danach läuft man gestärkt zum Highlight der Tour, dem Hockenden Weib. Vorher kommt man noch an der Almhütte vorbei, die am Wochenende Kuchen und Brezeln, aber ansonsten vor allem kühle Getränke und einen sympathischen, Sprüche klopfenden Wirt zu bieten hat, der die Wirtschaft in seiner Freizeit betreibt.

Rund um das legendäre Hockende Weib ist Trittsicherheit gefragt. Beim Fotografieren der Felsen also unbedingt stehen und nicht gehen! Der Boden ist von Wurzeln durchzogen: Hier besteht Stolpergefahr! Der Weg zurück zum Parkplatz ist äußerst kurzweilig. Es geht nämlich noch an so einigen Felsformationen vorbei, die einem immer wieder ein »Oh, wie schön, schau mal!« entlocken und die Kamera zücken lassen. Dieser Ausflug bietet einfach viele tolle Landschaftsmotive.

FAZIT: AUSSICHTSREICHE HÖHENTOUR MIT STAUGARANTIE UND STOLPERGEFAHR.

Hin & weg: Mit Bus S50, R20, 163 zur Sommerrodelbahn nördlich des Wanderparkplatzes. Mit dem Auto zum Wanderparkplatz Dörenther Klippen an der B219 (Münsterstraße).

Dauer & Strecke: Mit Picknickpause und Almhütteneinkehr 4 Std., die Strecke ist 9 km lang.

Beste Zeit: Ganzjährig, vormittags oder am späten Nachmittag.

Ausrüstung: Feste Wanderschuhe, Picknickdecke.

SALZ FÜR DIE SEELE

⇒ ... im Salinenpark Rheine ⇐

#25

Einst wurde im Norden des Münsterlandes das sogenannte weiße Gold gewonnen. Ein wunderschön angelegter Park lädt zum entspannten Salzspaziergang ein, der an der berühmten Saline Gottesgabe beginnt und am Kloster Bentlage vorbei bis zu verwunschenen Uferpfaden an der Ems führt.

#tiefdurchatmen #gesund #lehrreich #weißesGold

In Rheine mag man es salzig. Im Salinenpark lernt der Besucher auch, wie wertvoll einst das weiße Gold war.

Wenn der Parkplatz selbst schon wie ein Park anmutet, dann könnte es sein, dass man sein Auto auf der grünen, weitläufigen Rasenfläche vor dem Naturzoo Rheine abgestellt hat. Sobald man aussteigt und sich umschaut, umfängt einen diese ruhige Stimmung, die sich auf der gesamten Tour durch den Salinenpark wie Balsam auf die Seele des Besuchers legt. Dabei ist es ja eigentlich das Salz, das für all die Schönheit hier der Ursprung ist.

Denn schon lange bildete die Saline mit dem klangvollen Namen Gottesgabe das Herz des Parks, der nach einem Hochwasser im Jahre 1946 immer wieder neu gestaltet wurde. Die letzte Rundumerneuerung erfolgte 2004 – und die Gartenbauarchitekten bewiesen Weitblick, indem sie ganz auf den Zauber eines großzügig angelegten Landschaftsparks setzten. Der Park besticht durch liebevoll arrangierte Blumenbeete, idyllische Bankplätze an Tümpeln und seinen Mittelpunkt, die aus zwei Gradierwerken bestehenden Salinen. Das Bauwerk, das von Weitem wie ein großes Haus mit überdimensionalen Holzstreben an den Seiten wirkt, lädt zum Innehalten ein.

Parklandschaft mit Salzgeschmack: Neben der Saline Gottesgabe gibt es hier üppige Blumenbeete, Ruhebänke und einen Tümpel zum Verweilen.

Wer sich auf eine der Bänke setzt und dem Wasser zuschaut, wie es durch die Reisigwand tröpfelt, wird den Salzgeschmack auf den Lippen schmecken und tief einatmen. Denn hier riecht es nach gutem, gesundem Salz.

Wer der Beschilderung zum Kloster Bentlage folgt, passiert zunächst einen Holzturm, der früher als Lagerturm für das Salz genutzt wurde. Links ab geht es über einen verschlungenen Pfad an Wiesen und Feldern vorbei in den Bentlager Busch. Bald schon erscheint das Kloster Bentlage mit seinem eindrucksvollen, schmiedeeisernen Eingangstor. Das angegliederte Café bietet neben einem großzügigen Außenbereich auch eine Ladestation für E-Bikes. Eine Pause lohnt sich also. Im Kloster gibt es außerdem ein Museum und wechselnde Kunstausstellungen.

Anschließend geht es weiter auf einem kleinen Pfad abwärts Richtung Ems. Hier links halten und über die Aussicht auf die großen Bäume der anderen Uferseite staunen. Dabei muss man sich fast ducken, weil schwere Äste den Weg überdachen.

Je nach Ausdauer und Lust geht man entweder bis zur Schleuse und hält sich dann links. Oder man biegt schon vorher bei der ersten Gelegenheit links ab, um an einer großen, gerodeten Lichtung vorbei auf einem Waldweg wieder beim Kloster zu landen. Dort führt uns die Beschilderung über einen Asphaltweg wieder zur Saline Gottesgabe, die schon von Weitem über eine Wiese zu sehen war. Die Chance, hier Störche zu sehen, ist übrigens extrem hoch. Denn der benachbarte Naturzoo beherbergt eine große Kolonie der Zugvögel.

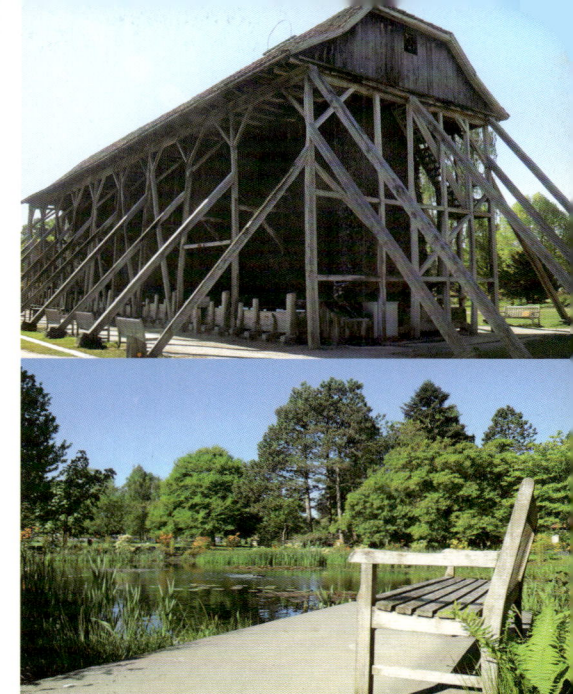

Wenn die Rundtour beendet ist, kann man seinem Körper am Eingang zum Salinenpark noch eine kleine Abkühlung im Unterarmbecken gönnen. Auf diese Weise bringt man seinen Kreislauf nach der Kneipp'schen Methode in Schwung und tut damit seiner Gesundheit etwas Gutes.

FAZIT: EINE WOHLFÜHLKUR MIT TECHNIK-GESCHICHTE UND EMSBLICK.

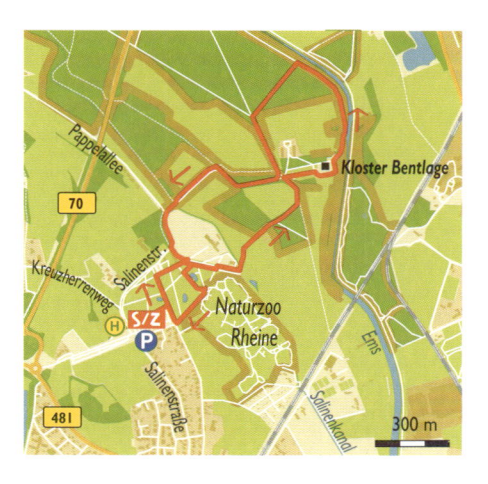

Hin & weg: Mit Bus C12 bis Rheine-Saline. Mit dem Auto zum Parkplatz Naturzoo Rheine, Salinenstraße 150, 48432 Rheine.

Dauer & Strecke: 1,5 Std., die beschriebene Strecke ist 4,3 km lang.

Beste Zeit: Später Frühling, Sommer. Dann entfalten die liebevollen Blumenarrangements ihre Wirkung im Park.

Ausrüstung: Bequeme Schuhe. Brillenträger sollten ein Putztuch einpacken. Das Salz findet man auf dem Glas wieder.

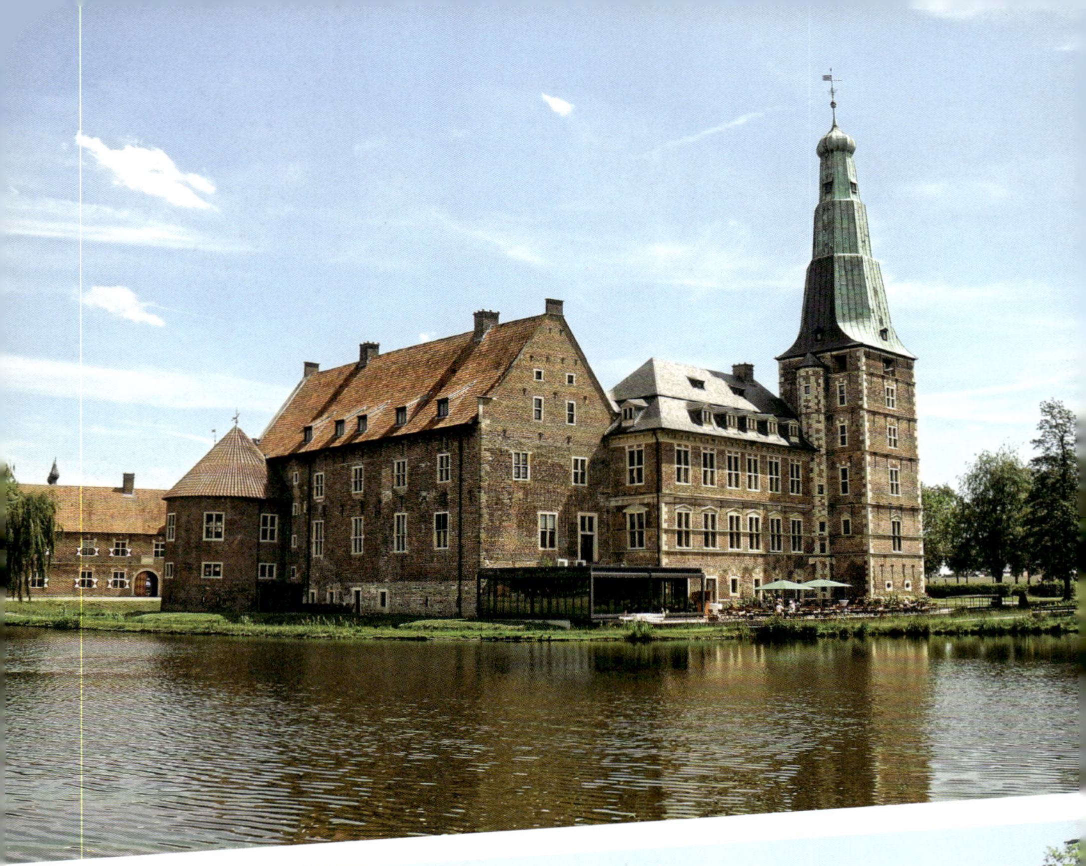

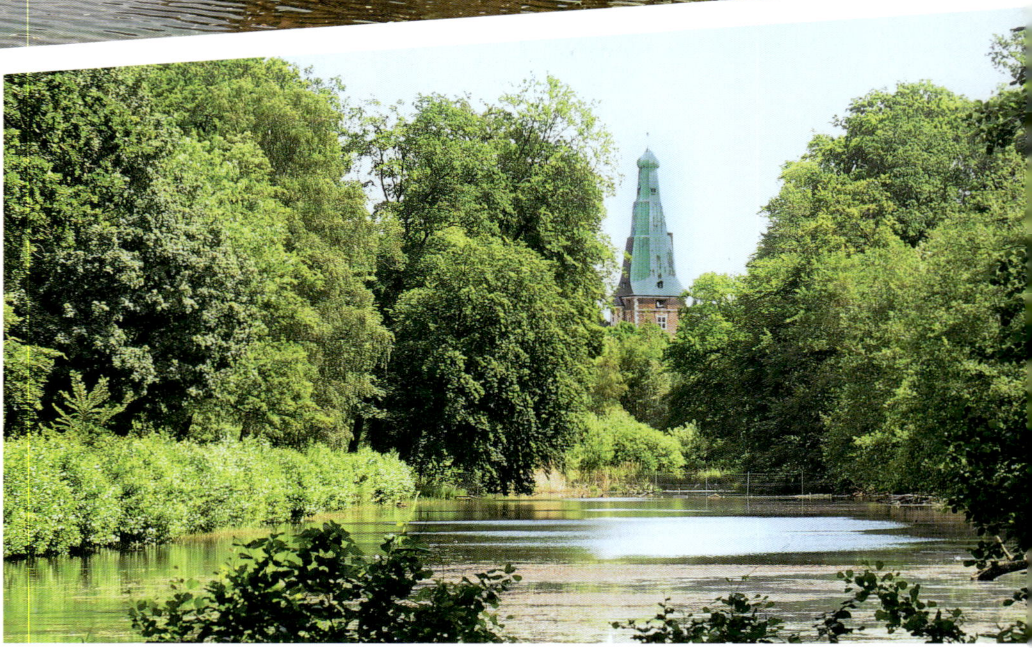

→ AUSFLÜGE

ERST GUCKEN, DANN KLETTERN

→ ... rund um Schloss Raesfeld ←

#26

Mit einer Höhe von 52,5 Metern hält Schloss Raesfeld den Rekord aller westfälischen Schlössertürme. Doch nicht nur deshalb lohnt ein Besuch des idyllisch gelegenen Gebäudeensembles. Auf einer Runde durch den waldreichen Tierpark bringt ein Kletterparcours Bewegung in den Schlossbesuch.

#staunen #klettern #vieleFotomotive

Die Raesfelder verlassen sich nicht nur auf die Schönheit des Schlosses. Auch der abwechslungsreiche Kletterparcours und die gut gepflegten Wanderwege im angrenzenden Wald locken viele Besucher.

Die Zeitreise beginnt, schon bevor man die Holzbrücke zum Schloss betritt. Denn das Besondere an Schloss Raesfeld ist, dass es sich so perfekt in den kleinen Ort einbettet. Sobald man also durch die Gassen schlendert, fühlt man sich wie in längst vergangenen Zeiten. Und die sind hier, im Südwesten des Münsterlandes, wirklich lange her. Anfang des 12. Jahrhunderts waren es die Herren von Raesfeld, die hier wohnten. In den Jahren 1643 bis 1658 baute es dann Reichsgraf Alexander II. von Velen zum Residenzschloss im Stil der Renaissance aus.

Nach langem Leerstand, fortschreitendem Verfall und zwischenzeitlicher Nutzung als Gutshof findet man heute die Handwerkskammer im inzwischen renovierten, schnieken Schloss. Die einst so edlen Räume werden für Fort- und Weiterbildungsveranstaltungen genutzt, aber auch für Kultur und Kulinarisches ist Platz.

Bevor man sich auf die Wanderung durch den Tiergarten begibt, lohnt eine gemächliche Runde um den Schlossgraben, um das schöne Schloss von jeder Seite zu betrachten. Um mehr über das Gebäude, den Park und den angrenzenden Wald zu erfahren, kann ein Besuch im Naturparkhaus lohnen, das den Startpunkt zum Weg durch das Naturerlebnisgelände bildet. Hier kann man auch Rundwanderkarten bekommen oder in der Touristeninformation nach Tipps fragen.

Schon der erste Wegabschnitt bis zum modernen Holzgebäude eröffnet viele schöne

Im Tiergarten hinterm Schloss hat die Natur das Sagen. Am Wegesrand plätschern Bäche, verschlungene Pfade laden zu Entdeckungstouren ein.

Fotomotivblicke auf die Schlossanlage. Dann gelangt man zum Naturerlebnisgelände, auf dem Niedrigseilgarten, Kletter- und Balancierpfade auf bewegungsfreudige Kinder und Erwachsene warten. Danach geht es an einer geschnitzten Madonnenfigur vorbei in den Wald hinein.

Durch ein großes Holzgatter führt der Weg rechts über eine Waldlichtung weiter. Man passiert eine Heidefläche und kann später auf einem kleinen, verschlungenen Pfad einen Abstecher zur Wellbrockquelle machen. Dort kann man im Schatten sitzen und dem Plätschern zuhören oder durstigen Hunden dabei zuschauen, wie sie sich am Frischwasser freuen.

Kommt der Ottoteich in Sicht, lauert auch schon das nächste perfekte Fotomotiv. Am Horizont ragt der Schlossturm empor, davor beruhigen Wald und Wasser die Sicht. Das ist einfach zu schön, um nicht das Smartphone zu zücken und ein Statusbild an die Freunde zu verschicken. Doch man kann das Ganze auch so auf sich wirken lassen.

FAZIT: BEEINDRUCKENDES SCHLOSS-ENSEMBLE MIT WALDANSCHLUSS.

Hin & weg: Mit Bus 72 bis Schloss, Raesfeld. Mit dem Auto zum Parkplatz, Freiheit 25–27, 46348 Raesfeld.

Dauer & Strecke: Wer gucken, klettern, wandern und fotografieren will, sollte 3 Std. einplanen, reine Gehzeit etwa 1,5 Std. Die Strecke ist 3,6 km lang.

Beste Zeit: Ganzjährig, das Schloss strahlt immer.

Ausrüstung: Bequeme Schuhe, mit denen man auch klettern kann. Fotoapparat.

SCHWEDEN-FLECKCHEN

≥ ... Sonnenbad am Niedringhaussee ≤

#27

Die Sloopsteener Seerunde hat ihren Titel als Premiumwanderweg mehr als verdient. Wer sich auf die abwechslungsreiche Teutoschleife bei Westerkappeln begibt, betritt historischen Grund, wandelt durch einen wunderbaren Wald und fühlt sich mitunter wie in Skandinavien.

#Seeidyll #Sandwege #Uferplätze #Naturpur

→ AUSFLÜGE...

Ein schöner Sandrastplatz mit Aussicht lässt sich überall rund um den See finden.

Einen Superlativ gleich zum Start, das kann nicht jede Tour bieten. Doch hier, nur wenige Meter vom Parkplatz am Sloopsteinweg entfernt, liegt 4000 Jahre alte Geschichte auf dem Waldboden. Die Findlinge, auf denen Kinder gerne herumklettern und Eltern genauso gerne Fotos von dieser Kletterei machen, gehörten einst zu einer Grabstätte. Es ist Westfalens größtes Megalithgrab. Also: schauen, staunen und vielleicht auch einmal klettern!?

Die Ausschilderung ist, wie es sich für einen Premiumweg gehört, exzellent. Der Weg ist außerdem in beide Richtungen begehbar. Wer sich für die Runde im Uhrzeigersinn entscheidet, lässt die dicken Steinbrocken links liegen und steuert das Südufer des Niedringhaussees an. Auf weichem Waldboden gelangt man auf einem kurzen Asphaltstückchen zu einer alten Bahnstrecke, die ins Nichts zu führen scheint. Es geht über die Gleise, danach passiert man einen Bauernhof und begibt sich in einen mehrstufigen Wald, der mit mächtigen Bäumen aufwartet und zu einem idyllischen Auenwald direkt am Niedringhaussee führt.

Verschlungene Uferpfade machen immer wieder den Blick frei auf das etwa 18 Hektar große Gewässer und den auf der anderen Seite in der Sonne hell leuchtenden Sandstrand. Die Runde führt nah am Wasser entlang. Kiefern und Birken säumen die Abbruchkanten zum See, überall entdeckt man kleine, lauschige Plätzchen, die zum Verweilen einladen. Hier ist Gucken erwünscht, Baden aber verboten. Der Natur tut das gut.

Zahlreiche Wasservögel leben hier, ab und zu huschen Eidechsen über den Sandboden, Libellen segeln umher, und Fische unterschiedlichster Arten tummeln sich im Wasser. Es lohnt sich, eine längere Pause zum Schauen und Ausruhen einzulegen. Aber Achtung! Wer auf seiner Picknickdecke eingeschlafen ist und wieder aufwacht, glaubt für einen Moment, er wäre in Schweden gelandet – so skandinavisch mutet die Natur hier an.

Durch abwechslungsreichen Wald, vorbei an einem urigen Gehöft, Obstbäumen und an einigen Feldpassgen entlang geht es schließlich zurück zu den mächtigen Findlingen, den

Die Tour in Westerkappeln ist eine von mehreren Teutoschleifen. Das Schöne bei diesen Rundwegen: Man kann sie in beide Richtungen gehen, und Asphaltstrecken sind auf ein Minimum reduziert.

Sloopsteenen, die dieser runden Tour ihren Namen geben und bei denen die Wanderung begonnen hat.

FAZIT: HERRLICHER SEEBLICK UND URALTE GESCHICHTE IN EINER WANDERUNG VEREINT.

Hin & weg: Mit Bus R11 ab Osnabrück bis Zu den Sloopsteenen. Mit dem Auto zum Parkplatz am Sloopsteinweg bei Westerkappeln.

Dauer & Strecke: Ohne Sonnenbad braucht man gut 2 Std., doch mit Picknick kann man getrost den ganzen Tag einplanen. Die Strecke ist rund 7 km lang.

Beste Zeit: Ganzjährig. Im Sommer besser vormittags, am späten Nachmittag wird es oft etwas voll und unruhig.

Ausrüstung: Picknickdecke, Verpflegung, Fernglas.

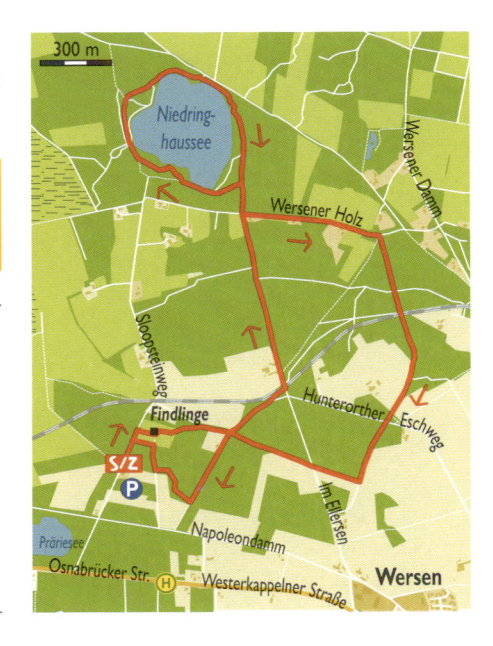

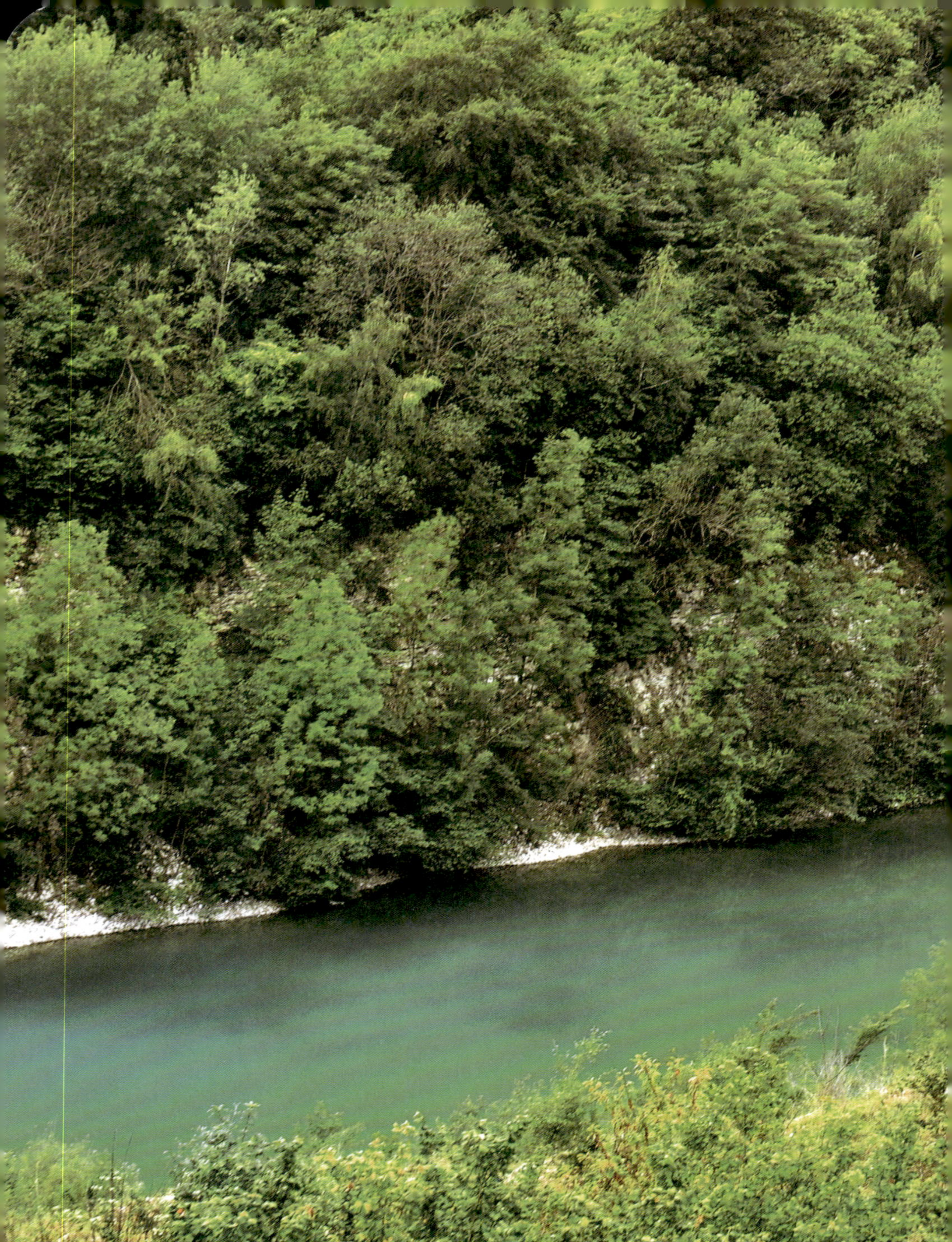

→ AUSFLÜGE...

WIE BEI WINNETOU

⇒ ... am Lengericher Canyon ⇐

#28

Früher war der ehemalige Kalksteinbruch ein Geheimtipp unter Jugendlichen. Jetzt ist er einer der meistfotografierten Hotspots des Münsterlandes. Wanderwege eröffnen tolle Aussichten auf das türkisblaue Wasser und die felsigen Steilufer. Und: Am Wegesrand kann man eimerweise Brombeeren pflücken.

#wasfürsAuge #tolleAussichten #dieBeerensindlos

Viele Wege führen zum Canyon. Die meisten davon beginnen beim LWL-Klinikum in Lengerich. Diese Tour startet direkt am ersten Parkplatz links, danach hält man sich auch wieder links. Vorbei an Klinikgebäuden und über einen weiteren Parkplatz führt ein kleiner Pfad direkt an einem Zaun vorbei auf eine Blühwiese.

Schon geht es los mit den ersten Brombeeren, die sich neben bunten Wicken an den Zaun schmiegen. Hohes Gras, Blüten, summende Bienen – der Weg verläuft in sanften Kurven leicht aufwärts. Das Schild »Skulpturenpark« weist den Weg, danach geht es links in den Wald Richtung Teutoschleife.

Durch dichten Wald läuft man an einer Schafwiese vorbei zum Aussichtspunkt. Ein Canyon-Schild sagt, wo es langgeht. Steht man auf der Plattform aus Holz, zeigt sich der ehemalige Steinbruch in all seiner türkisblauen Pracht. Erschiene jetzt Winnetou mit seinem Kanu am Horizont, würde man sich kaum wundern. Doch Achtung: Auch wenn das Wasser so einladend leuchtet, Baden ist hier verboten!

Der Weg führt weiter durch den Wald, links auf den berühmten Hermannsweg. Man passiert einen Ziegenstall und läuft ein schönes Stück auf einem Kamm entlang, von wo aus man einen aufregenden Blick aufs Münsterland hat. Über eine Treppe geht es danach hinunter auf die Straße. Die Autos fahren rechts, doch links am Wegesrand hängen die Brombeeren zuhauf in den Sträuchern.

Die Asphaltstrecke ist zum Glück schnell wieder vorbei, es geht sanft bergauf über Wiesen,

Der Canyon war früher nur über verbotene Pfade zu erreichen. Mit der neuen Wegführung kann nun jedermann das Naturerlebnis und die Aussicht auf das türkisblaue Wasser mit gutem Gewissen genießen.

Felder, an Waldstücken und natürlich an Brombeersträuchern vorbei entlang einer Bahnstrecke. Diese nicht überqueren, sondern links Richtung Häusersiedlung halten. So gelangt man auf dem direkten Weg zurück zum Parkplatz. Wer noch nicht ausgepowert ist, kann noch einen Abstecher zum Generationenpark in der Lengericher Innenstadt machen.

FAZIT: VIEL ZU SEHEN UND ZU NASCHEN – EINE FRUCHTIGE TOUR FÜRS AUGE.

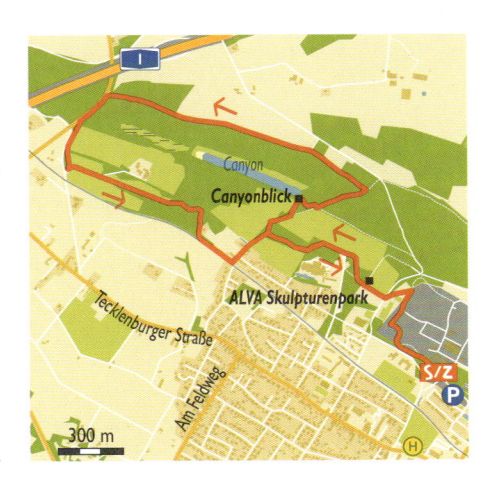

Hin & weg: Mit Bus R45 oder R46 bis Feuerwehrhaus. Von dort aus zu Fuß in etwa 10 Min. zur LWL-Klinik Lengerich. Mit dem Auto zum LWL-Parkplatz, Parkallee 10, 49525 Lengerich.

Dauer & Strecke: Rund 2,5 Std., 6,2 km.

Beste Zeit: Im Hochsommer, wenn die Brombeeren reif sind.

Ausrüstung: Wanderschuhe, Fotoapparat und Eimer für die Beeren.

AUF UND AB ZUM DOM

... querfeldein von Havixbeck nach Billerbeck

#29

Sandstein, Hügel, weite Landschaft: Die Baumberge sind ein Höhenzug, auf dem es sich entspannt wandern lässt. Selbst wer den Westerberg erklimmen möchte, muss keinen steilen Anstieg befürchten. Die anliegenden Ortschaften bestechen durch üppige Kirchenbauten, Adelshäuser und bäuerliches Ambiente.

#LonginusAussicht #sanfteHügel #Streckentour

Die Billerbecker sind stolz auf ihr Wahrzeichen, den Dom.

→ AUSFLÜGE

Entlang der Bahngleise geht es in nordwestliche Richtung an einem alten, rostigen Wasserspeicher und dem Schild mit der Aufschrift »Havixbeck« vorbei über den kleinen Bahnübergang. Die Straße wird von gepflegten, alten Bauernhäusern und einer schönen Obstwiese gesäumt, nach rund 100 Metern biegt man links in die Straße Lasbeck. Es geht eine Asphaltstraße hinunter und mitten hinein in die bäuerlich geprägte Atmosphäre Havixbecks.

Der Weg schlängelt sich geradeaus weiter über Wiesen und Felder an einer idyllisch gelegenen Bank vorbei. An einer T-Kreuzung beginnt der Wald, hier geht es rechts. Wenn man um die Mittagszeit unterwegs ist, steigt einem

Satte 32 Meter hoch ist das Wahrzeichen der Baumberge, das von 1897 bis 1901 vom Baumberge-Verein e. V. erbaut wurde: der Longinusturm auf dem Westerberg.

gut Duftendes in die Nase. Das Café Teitekerl lädt zur Rast. Es wird auch Pfannkuchenhaus genannt, denn die gibt es hier in allen Varianten, von deftig bis süß.

Danach geht es weiter in den Wald hinein. Viele Pfade führen immer wieder auf einen großen zurück, an einem Parkplatz mit Infotafel quert man die Hauptstraße. Ein Schild mit

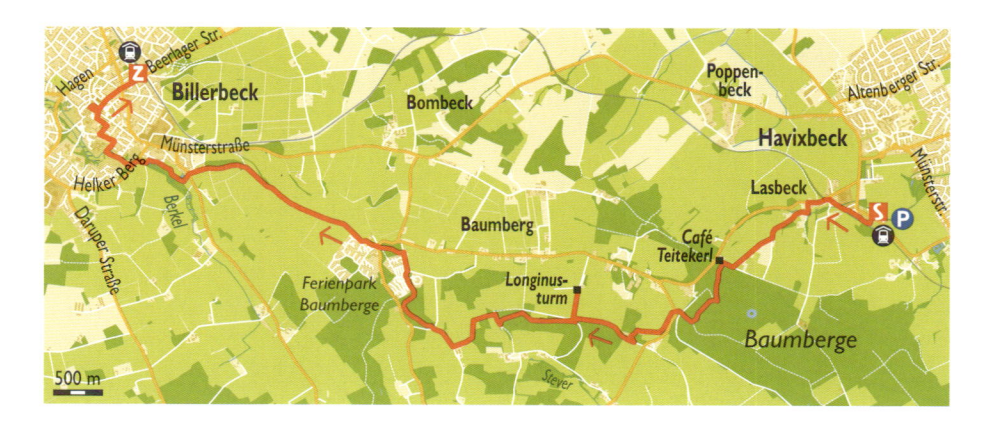

Einmal quer durch die Baumberge. Wer sich zu Fuß auf den Weg macht, erfasst den Charme dieser sanft hügeligen Region zwischen Billerbeck und Havixbeck.

der Aufschrift »Durchfahrt zum Longinusturm verboten« weist dem Fußgänger den richtigen Weg. Durchgehen klappt nämlich. Vorbei an Kuh- und Pferdeweiden, schreitet man langsam aufwärts. Windräder, ein rot-weiß-gestreiftes Windmessgerät und schließlich der aus Sandstein erbaute Longinusturm kommen in Sicht. Rechts ab gelangt man zum 32 Meter hohen Aussichtsturm, der damit den Westerberg mit seinen 188,6 Meter Höhe noch ein bisschen höher erscheinen lässt. Der Name ist übrigens eine Art Spitzname von Friedrich Westhoff, der ein hochgewachsener Naturforscher war und den Baumberge-Verein gründete, um eben genau jenen Aussichtsturm im Jahre 1897 zu bauen.

Auch heute kann man für wenig Geld die Treppen emporklimmen, doch die meisten Besucher genießen lieber Kaffee, Kuchen oder Flammkuchen im Café unterhalb des Turmes.

Weiter geht's über Feldwege, durch Wald am Ferienpark Baumberge vorbei. Schließlich kommt ein Turm in Sicht. Der Billerbecker Dom ist das aber noch nicht. Noch ein paar Meter, dann erscheint das eindrucksvolle Wahrzeichen am Horizont.

An der Berkel und einer ehemaligen Badestelle entlang gelangt man schließlich in die Altstadt von Billerbeck. Von hier ist es nicht weit bis zu einem Bier, das man in einer der Gaststätten rund um das imposante Kirchenbauwerk trinken kann, und bis zum Bahnhof, von dem aus jede Stunde ein Zug fährt, der einen zurück nach Havixbeck oder Münster bringt. Beim Blick durch die Fenster kann man dann noch einmal die Tour durch die Baumberge im Schnelldurchlauf erleben.

FAZIT: ENTSPANNTE DOMTOUR DURCH SANFT HÜGELIGE BAUMBERGE.

Hin & weg: Mit der Bahn von Münster bis Bahnhof Havixbeck (stündlich). Mit dem Auto zum Parkplatz am Bahnhof Havixbeck.

Dauer & Strecke: Mit Dombesichtigung 4 Std., die Strecke ist 10 km lang.

Beste Zeit: Im Sommer, wenn die Felder noch gelb und nicht abgeerntet sind.

Ausrüstung: Bequeme Schuhe, Getränk.

GRENZ-RADLER

≥ ... Radtour durchs Grenzgebiet ≤

#30

Hier Nordrhein-Westfalen, dort Niedersachsen; mit einem Bein im Osnabrücker Land, mit dem anderen im Münsterland; von Ostbevern aus kann man auf einsamen Wegen in Schlangenlinie zwischen zwei Kreisen und drei Gemeinden wechseln. Autos trifft man selten, manchmal dafür ein paar Reiter.

#romantisch #ruhig #WaldWiesenFelder #grenzenlos

→ AUSFLÜGE

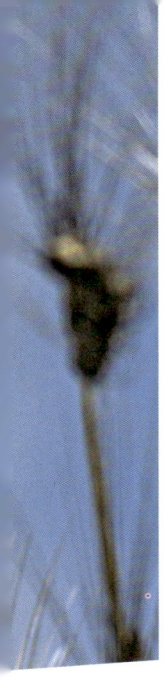

Von Ostbevern aus geht es zunächst zum örtlichen Wasserschloss, das zu einem Gymnasium, dem bischöflichen Johanneum Loburg, gehört. Man radelt an einem schönen Schlosspark vorbei, der besonders im Herbst in allen Farben leuchtet. Von dort aus geht es weiter Richtung Glandorf. Zahlreiche Hofanlagen säumen den Weg. Bezeichnungen wie Schnat- und Grenzweg geben bisweilen die Richtung vor. Auf den Wiesen grasen Pferde und Kühe.

Nach acht Kilometern bestimmt mit Überschreiten der niedersächsischen Landesgrenze eine andere Farbenlehre die Bauernhofarchi-

Schöne Schule. Das Wasserschloss Loburg beherbergt ein Gymnasium. Es diente schon als Kulisse für mehrere Kinofilme.

Hinter einer Biegung geben die Bäume unvermittelt den Blick auf den Teutoburger Wald frei. Auch wenn der Bergrücken dieses Mittelgebirges zum Greifen nahe ist, muss man nicht einen Gang zurückschalten, um sich auf Steigungen vorzubereiten. Vor der Kirche in Glandorf knickt die Streckenführung nach Süden ab. Stressfrei rollt das Rad auf der Landes- und Kreisgrenze nach Füchtorf. Ein naturbelassener Forstweg macht Lust auf die Beobachtung von tierischen Waldbewohnern. Romantische Radler können am Gedenkstein der sogenannten Liebestanne auf ihre Kosten kommen. Die idyllisch gelegene Doppelschlossanlage Harkotten bietet sich außerdem nur einen Steinwurf entfernt für eine Erkundungspause an.

Der Weg setzt sich fort durch das Dorf Füchtorf, das für seinen guten Spargel bekannt ist. Beschaulich trudelt der Radfahrer auf Nebenstraßen dahin. Kaum vorstellbar, dass diese idyllische Stille am letzten Aprilwochenende einen krassen Gegensatz erfährt: Im Frühjahr

tektur und Tierwelt: Schwarz-weißes Fachwerk löst mit einem Schlag den roten Klinker ab, auch die Fellmusterung der Rindviecher ändert sich von Rotbraun zu Schwarzweiß.

Königlicher Genuss. In zahlreichen Gaststätten steht während der Erntesaison frischer Spargel auf dem Speiseplan. Das Münsterland gilt als eine der besten Spargelregionen.

donnert Europas Tractor-Pulling-Elite durch die Bauerschaft. Zigtausend PS produzieren die lärmenden Flugzeugturbinen.

Eine geschichtsträchtige Stätte erwartet den Gast am Nordufer der Bever – kurz vor Erreichen des Dinkelhofes Horstmann. Dort grenzen die Dörfer Füchtorf, Milte und Glandorf aneinander. Bis zur Auflösung des Königreichs Preußen und des Königreichs Hannover befand sich an dieser Stelle eine scharf bewachte Grenze mit Grenzsteinen. Wie für Meditationen gemacht ist der zwei Kilometer entfernt liegende, renaturierte Teil der Bever, der das Kloster Vinnenberg streift. Wer sich gern von Insekten und Vögeln unterhalten lässt, sollte eine ausgedehnte Pause einplanen – bevor es auf die Zielgerade zum Ausgangspunkt geht.

FAZIT: BEWEGUNG UND ENTSPANNUNG AUF ZWEI RÄDERN.

Hin & weg: Mit der Bahn (Linie Münster–Osnabrück) bis Bahnhof Ostbevern. Er liegt ein paar Kilometer vom Zentrum entfernt, was mit dem Fahrrad kein Problem ist. Mit dem Auto und/oder Fahrrad nach Ostbevern zum Parkplatz hinter dem Rathaus in der Schulstraße 8. Die Tour kann an jedem Wegpunkt begonnen werden.

Dauer & Strecke: 3 Std., 42 km, viele bewirtete Rastmöglichkeiten.

Beste Zeit: Ganzjährig, im Sommer besonders empfehlenswert.

Ausrüstung: Fahrrad, mobiles Navigationsgerät (Smartphone), Fotoapparat. Leihfahrrad möglich (Ludger Böckenholt, Tel. 02532 327).

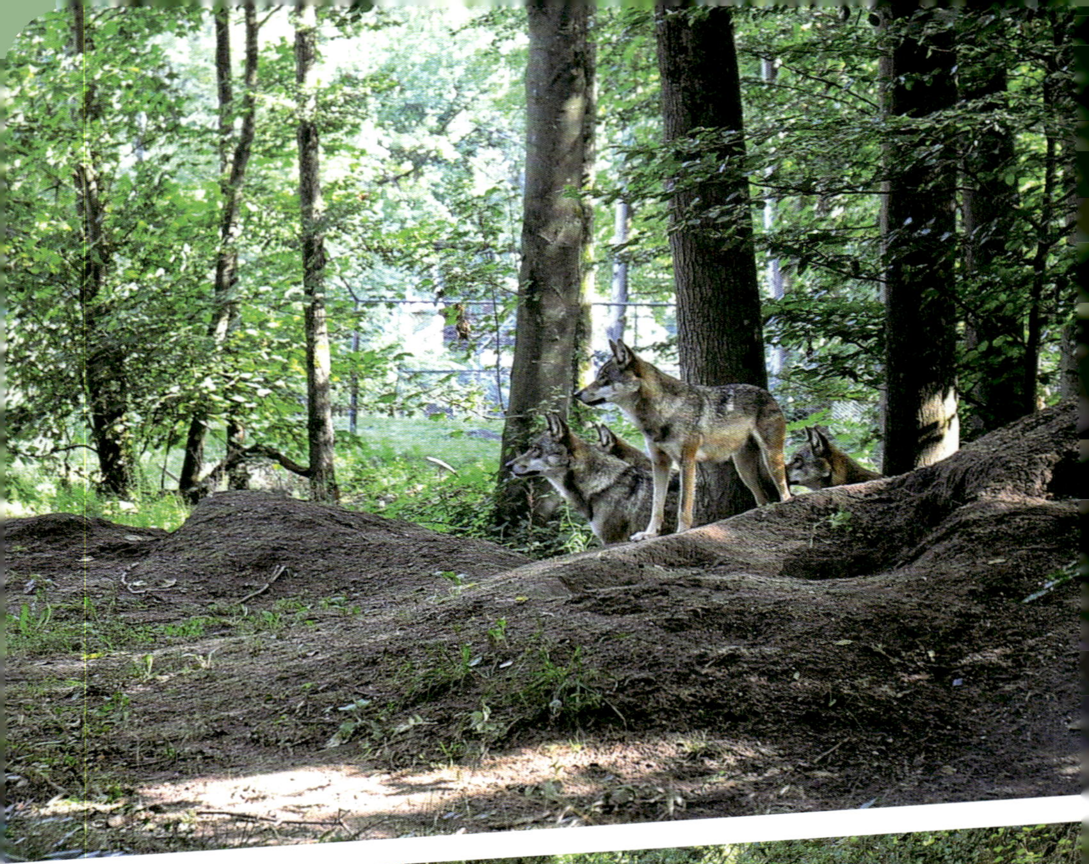

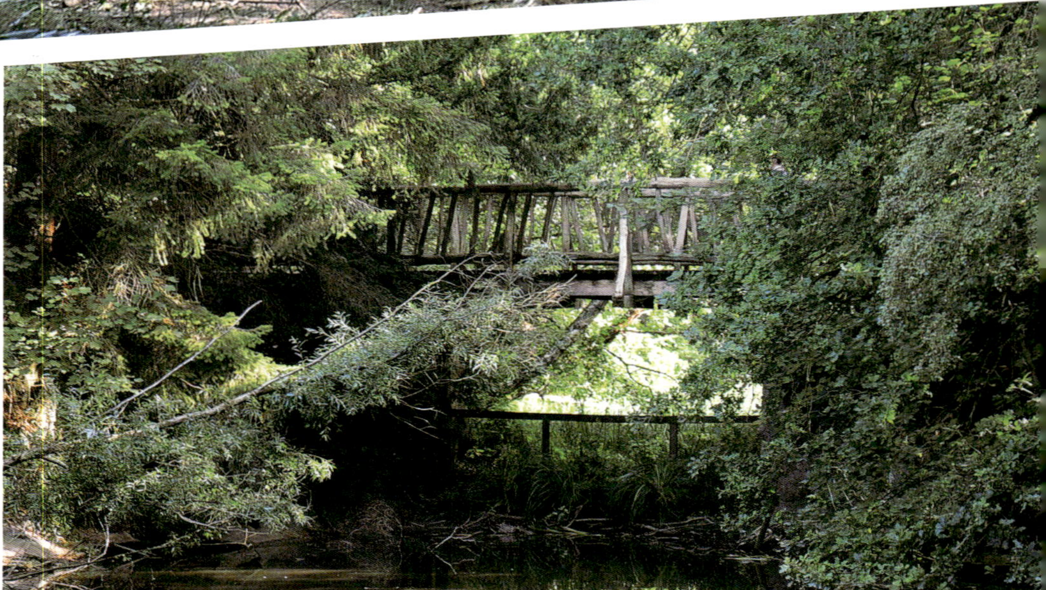

→ AUSFLÜGE

WOLFS REVIER

≽ ... Tiersafari in der Anholter Schweiz ≼

#31

Ein kleines Stück Schweiz sorgt im westlichsten Zipfel des Münsterlandes immer wieder für Erstaunen. Inmitten des Biotopwildparks bei Anholt leben nicht nur wilde Tiere, vor gut 100 Jahren entstand dort der Nachbau des Vierwaldstätter Sees samt künstlicher Felsen und importiertem Schweizer Häuschen.

#wildeTiere #Bärenwald #Klapperstörche #Alpenromantik

Kitschig oder romantisch? Am Schweizer Chalet im Biotopwildpark scheiden sich die Geister.

Als Fürst Leopold zu Salm-Salm Ende des 19. Jahrhunderts die Idee hatte, einen Park im Stil der Alpenromantik zu errichten, entsprach das ganz der damaligen Mode. Jetzt wirkt es auf den Besucher irgendwie surreal, wenn man kurz hinter dem Eingang des Biotopwildparks Anholter Schweiz erst das Gehege der Wölfe passiert und sich dann dem Anblick eines echten Schweizer Chalets hingibt, das inmitten eines romantischen Sees zu zünftigen Alpenspeisen und selbst gebackenem Kuchen in Sitznischen einlädt.

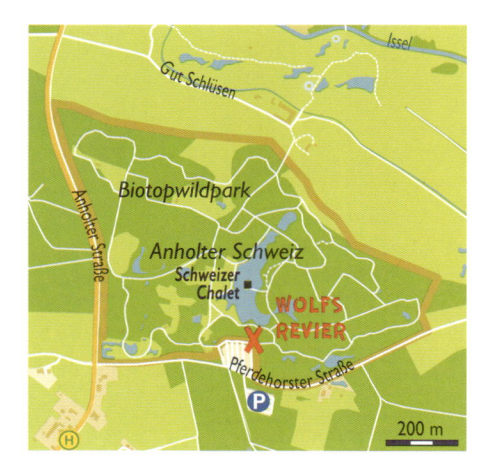

Denn eigentlich befindet man sich hier, bei Isselburg, nicht etwa in Alpennähe. Im Gegenteil: Man ist quasi schon in den flachen Niederlanden, die Nummernschilder der Besucherautos verraten es ganz deutlich. Doch neben dem mehr als 100 Jahre alten, vielleicht für manchen sogar kitschig anmutenden Landschaftsgarten im Schweizer Stil findet man noch sehr viel mehr in diesem liebevoll angelegten Park.

Rund 50 Tierarten tummeln sich in den weitläufigen, artgerecht gestalteten Freianlagen.

Die naturnahen Gehege sind weitläufig. Tierfotografen sind gut beraten, Teleobjektive mitzubringen.

Durchquert man als Besucher die weite Fläche, auf der sich die Zwergesel und Ziegen befinden, kommt man sich mitunter vor wie in der afrikanischen Savanne. Auch wenn hier heimisches Damwild statt hüpfender Gnus den Weg kreuzt. Auf insgesamt sechs Kilometer Wegenetz kann man sich ganz in Ruhe den Wölfen, Füchsen, Wildkatzen, Waschbären, Wildschweinen und Störchen nähern. Ein besonderes Highlight war bisher der Bärenwald. Die Tiere werden allerdings bald in ein anderes Gehege an die Ostsee umziehen.

Immer wieder begegnet man auch einer besonderen Spezies: den Hobbyfotografen, viele mit großen Teleobjektiven. Sie warten oft stundenlang auf das perfekte Bild.

Weil die Wege des Parks so herrlich verschlungen sind, kann es durchaus mal passieren, dass man eine kleine Extrarunde dreht. Macht ja schließlich nichts, wenn man dem Wildschwein zweimal »Hallo« sagt.

Hin & weg: Mit Bus 61 bis Venderbosch, 1 km entfernt. Mit dem Auto zum kostenlosen Parkplatz, Pferdehorster Straße 1, 46419 Isselburg.

Dauer & Strecke: Ein halber Tag, die Strecke ist 6 km lang.

Beste Zeit: Ganzjährig. Morgens, dann sind die Tiere noch unbefangener. Unter www.anholter-schweiz.de gibt es weitere Infos.

Ausrüstung: Fernrohr, Fotoapparat und Bargeld. Kartenzahlung ist im Park nicht möglich.

FAZIT: EINE ABWECHSLUNGSREICHE MISCHUNG AUS LANDSCHAFTSGARTEN, SCHWEIZER IDYLL UND GANZ VIEL WILDNIS.

VON WEGEN ALTER ESEL

→ ... unterwegs in der wilden Steveraue ←

#32

Nördlich von Olfen, in direkter Nähe zu Wohngebiet, Friedhof, Tennisanlage und Skaterpark, grasen Riesenesel, Heckrinder und Konikpferde. Die Tiere sind bei den meisten Anwohnern äußerst beliebt, denn sie sorgen dafür, dass sich die Auen an der Stever in einen wunderschönen Naturraum wandeln.

#Renaturierung #wildeTiere #Auenlandschaft #Floßfahrt

→ AUSFLÜGE

Die Wildnis beginnt gleich hinter dem Parkplatz an der Tennisanlage des Olfener Tennis-Clubs 75 e. V. Der Weg führt an der neuen Skateranlage vorbei. Schon von hier aus kann man die Auenlandschaft erblicken. Friedlich grasen Heckrinder und Konikpferde. Neugierige Poitou-Esel und Katalanische Riesenesel kommen näher. Eine erste Infotafel am Weg klärt die Spaziergänger über die Wichtigkeit dieser Tiere auf. Nach der Renaturierung der Stever hat man die Esel bewusst am Steverufer einziehen lassen. Durch ihren Lebensrhythmus und das Fressverhalten sollten die halbwilden Tiere die ehemals landwirtschaftlich genutzten Flächen langsam wieder umformen, damit die Stever über ihre Ufer treten kann und sich die Flächen allmählich in eine richtige Aue verwandeln.

Das Konzept trägt Früchte. Jahr für Jahr ändert sich das Bild, das sich den Spaziergängern bietet. Wildgänse und Störche gehören inzwischen ganz selbstverständlich zu den Besuchern, Eisvögel, Uferschwalben und zahl-

137

Der Natur ganz nah sein, dabei aber nicht stören. Das geht bei einer Stevertour mit der Fähre. Wer mitfahren möchte, muss sich vorab eine Fahrt buchen.

reiche Insekten fühlen sich jetzt wieder wohl an der Stever.

Weiter geht's zur denkmalgeschützten Bogenbrücke. Durchschreitet man sie, gelangt man zu einer Sandfläche in Ufernähe, auf der sich gern Hunde tummeln und Menschen auf den Steinblöcken pausieren. Auf dem Rückweg steigt man kurz hinauf zur Alten Fahrt, einem Aussichtspunkt, von dem aus man auf die Auenlandschaft schauen kann. Dann geht es zurück zum Ausgangspunkt.

Wer jetzt richtig Lust auf Steveraue hat, kann sich zur Füchtelner Mühle aufmachen. Hier grast eine Herde von Konikpferden auf der anderen Seite der Stever. Für eine Einkehr bietet sich in der Nähe das Landhaus Füchtelner Mühle (Kökelsumer Straße 66, 59399 Olfen) an.

Ein Stück weiter auf der Asphaltstraße (hinter der Gaststätte links) liegt ein idyllischer Floßanleger. Spontan kann man leider nicht mitfahren, wenn ehrenamtliche Flößer wie Ole Schröder zu einer der zahlreichen lautlosen Touren durch das Naturschutzgebiet aufbrechen. Es gibt Gruppentouren für bis zu 15 Personen, doch auch Fahrten für Einzelpersonen und Familien sind im Angebot (Reservierungen, Buchung und weitere Infos unter Tel. 02595 3890, tourismus@olfen.de). Allerdings lohnt sich der Weg hierher auch, wenn man keine Floßfahrt macht, denn der Aussichtspunkt am Floßanleger ist definitiv ein interessantes und abwechslungsreiches Ausguckziel.

FAZIT: OLFEN MACHT VOR, DASS NORMALE WOHNBEBAUUNG UND WILDE AUENLANDSCHAFT GUT ZUSAMMENPASSEN.

Hin & weg: Mit dem Auto bis Im Selken 52, 59399 Olfen, Parkplatz bei der Skateranlage, neben Friedhof und Tennishalle.

Dauer & Strecke: Die kleine Wanderung zur Brücke dauert max. 1 Std. Die Strecke ist rund 1,5 km lang. Wenn man einen Platz auf dem Floß gebucht hat, muss man 1,5 Std. reine Fahrzeit einplanen.

Beste Zeit: Ein nebliger Spätsommertag, dann wirkt die Stever besonders urig.

Ausrüstung: Fernglas, bequeme Schuhe.

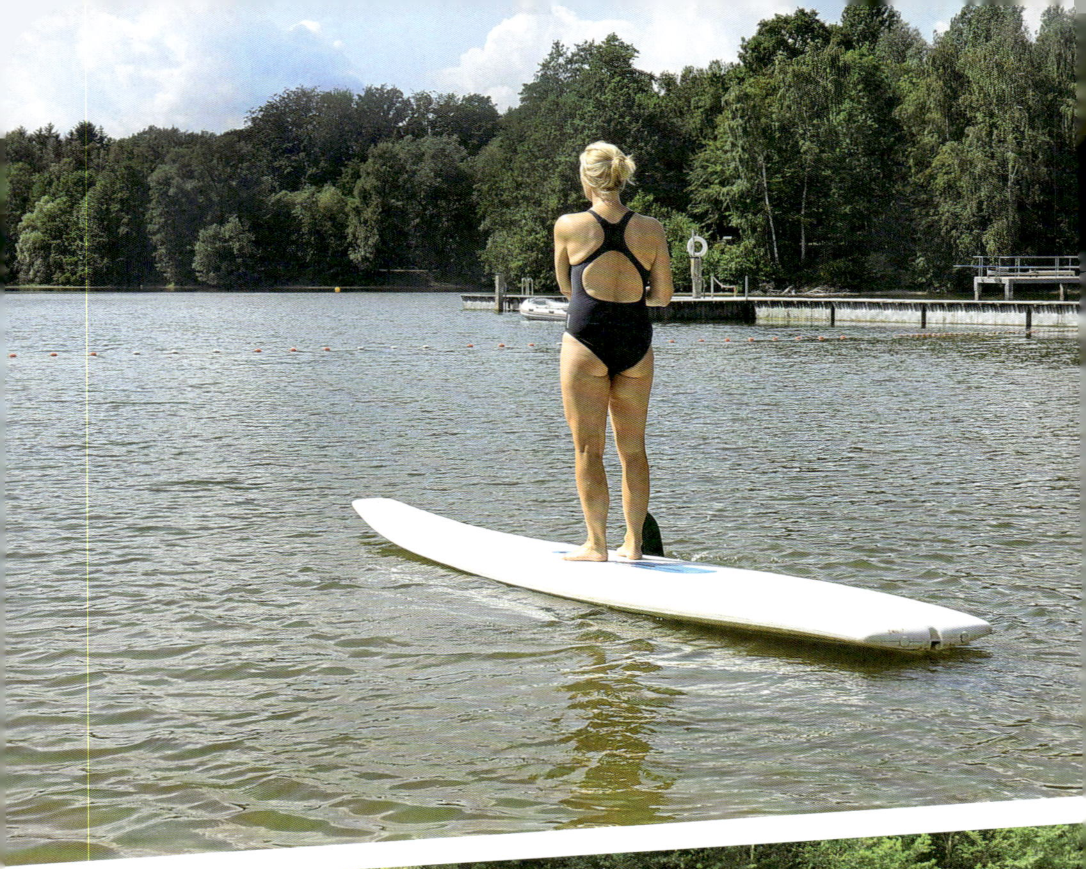

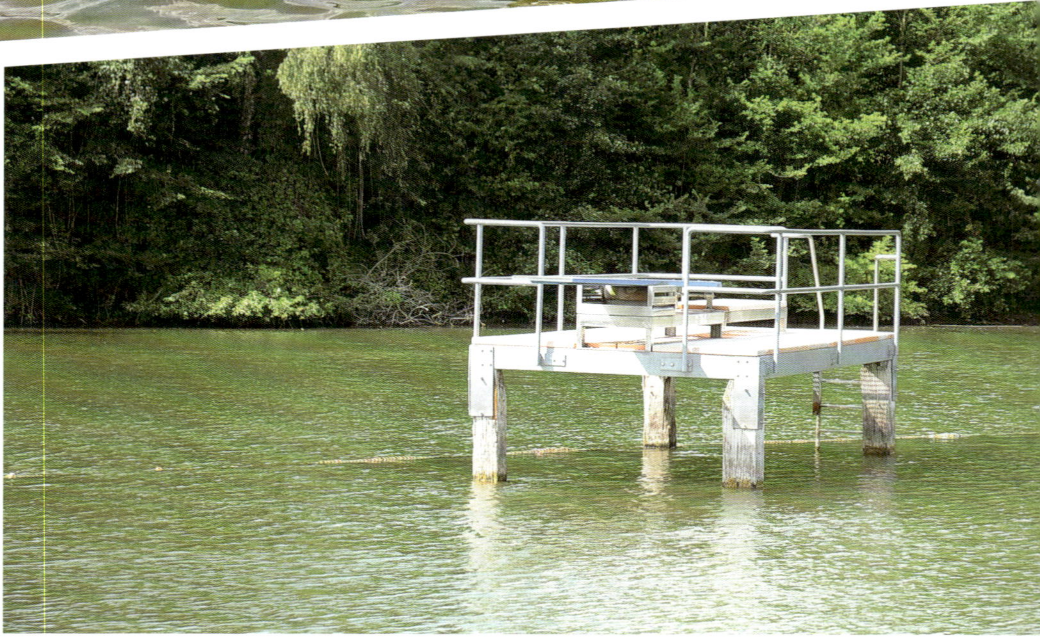

→ AUSFLÜGE

FÜR DEN KLEINEN URLAUBS-HUNGER

… Abtauchen im Saerbecker Badesee

#33

Die Klimakommune Saerbeck gilt als vorbildlich in Sachen Energiewende. Hier wird Strom nur aus Wind, Sonne und Biomasse erzeugt. Man kann hier auch anders Energie tanken, indem man einen Strandurlaubstag inklusive Burgenbauen und Stand Up Paddling verbringt.

#Energieauftanken #stattOstsee #Sandburgen #Seebaden

Auf zur Ostsee im Miniformat! Am Saerbecker Badesee kann man im Sand buddeln, sich sonnen, ein Eis essen und im Wasser abtauchen.

Kostenlose Schattenparkplätze begrüßen den Strandurlauber, nachdem er gleich am Ortseingang (aus Ladbergen kommend) links durch eine ganz normale Wohnsiedlung gefahren ist. Ein paar Meter geht es noch zu Fuß, dann hat man den perfekten Urlaubsort für einen Tag auch schon erreicht.

Egal, ob Eintrittspreise, Stimmung oder Besuchermassen: Hier ist einfach alles sehr ent-

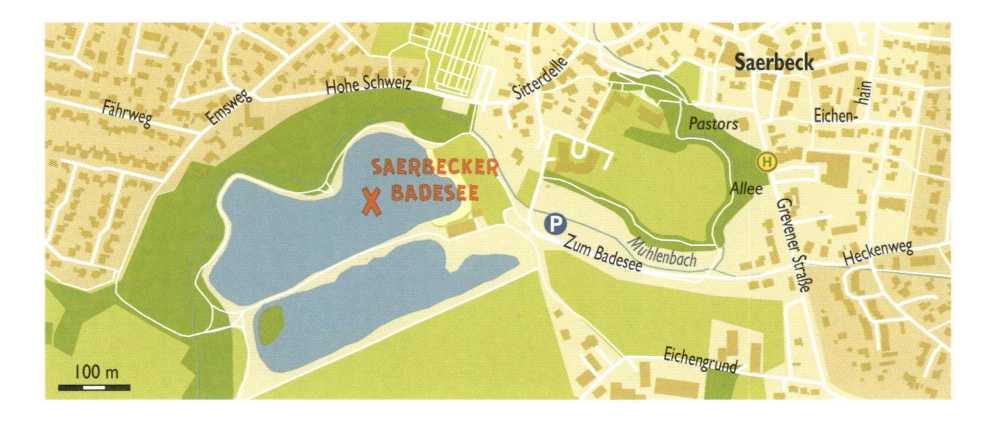

Der See wird von Freiwilligen der DLRG überwacht. Das vermittelt ein sicheres Gefühl und man kann den Ausflug unbeschwert genießen.

spannt. Denn der kleine See ist in der Region kaum bekannt, er gilt als Geheimtipp unter Erholungssuchenden und Familien. Den äußerst moderaten Eintritt zahlt man nur freitags, samstags und sonntags. An den restlichen Wochentagen fallen selbst diese Beträge weg.

Da der See von einem Verein bewacht wird und außerdem ein Nichtschwimmerbereich abgetrennt ist, steht dem sorglosen Burgenbauen am künstlich aufgeschütteten Sandstrand und dem Planschen im weichen Seewasser nichts im Wege. Doch auch richtige Schwimmer kommen zum Zuge. Im Schwimmerbereich gibt es eine abgetrennte Schwimmbahn, außerdem Schaukeln, ein Sprungbrett und schwimmende Hüpf- oder Kletterspiele mitten auf dem See.

Surfbretter, auf denen man paddeln kann, stehen gratis zur Verfügung. Gegen ein Pfand kann man sich sogar Paddel ausleihen und im gekennzeichneten Schwimmerbereich cruisen.

Strandkörbe, Liegen, eine große Wiese, einfache Umkleidekabinen, Toiletten und Duschen sorgen für einen sorgenfreien Tag. An sonnigen Wochenendtagen hat meistens auch der Imbisswagen geöffnet. Unter der Woche kann es sein, dass man hier ganz alleine seine Bahnen zieht.

Tipp: Wer nach dem Beachtag noch Energie übrig hat oder wem es doch zu kalt zum Baden ist, kann einen gemütlichen Pättkes-Spaziergang rund um den See entlang des Mühlenbaches unternehmen.

Hin & weg: Bus R61 fährt von Greven nach Saerbeck (aber nicht direkt bis zum See). Mit dem Auto zum Parkplatz Zum Badesee in Saerbeck.

Dauer: Ein ganzer Strandtag.

Beste Zeit: Im Sommer, wenn es richtig warm ist.

Ausrüstung: Badelaken, Sandspielzeug, Sonnenmilch, Badekleidung. Kleingeld für den Eintritt.

FAZIT: STRAND, WASSER, SPAß, OSTSEE-FEELING – EIN KLEINER SEE MIT GROßER ERHOLUNGSWIRKUNG.

LILA BIS ZUM HORIZONT

≥ ... in der Westruper Heide ≤

#34

Wer durch die Westruper Heide wandert, wird keinen Geschwindigkeitsrekord aufstellen. Das liegt nicht an den sandigen Pfaden, die den Schritt verlangsamen. Es ist eher die Ehrfurcht vor der sanften Sand- und Hügellandschaft in beruhigendem Lila – man braucht Zeit zum Schauen, Innehalten und Genießen.

#stopandgo #blühendeLandschaft #Beruhigungsmittel #Heidepark

Heidewitzka ist das schön! Unzählige Sandpfade führen kreuz und quer durch die Westruper Heide.

→ AUSFLÜGE

Am Flaesheimer Damm gibt es gleich mehrere Parkplätze, die in unmittelbarer Nähe zur Westruper Heide liegen. Einer liegt schräg gegenüber von einem Bikertreff, der andere wird Pilze genannt. Egal, an welchem das Auto steht, das nächste Hinweisschild zum Naturschutzgebiet Westruper Heide ist nicht weit. Steht man am Rand der etwa 90 Hektar großen Heide, kann man sich an Hinweisschildern orientieren, die die Themenwege mit jeweils einer Länge von drei bis vier Kilometern ausweisen. Unterwegs kennzeichnen Holzblöcke mit farblichen Markierungen den rechten Weg. Die Namen der vorgeschlagenen Routen klingen vielversprechend: Dünenroute, Bienenroute, Naturerlebnisroute …

Doch eigentlich kann man das alles auch vergessen und einfach losgehen. Denn egal, für welchen der sandigen Pfade man sich entscheidet, sie alle führen mitten durch die weite Heidelandschaft, über sanfte Hügel hinweg an knorrigen Bäumen vorbei. So gelangt wirklich jeder zum wichtigsten Ziel: Dem Naturereignis Heidelandschaft ganz nah zu sein!

Schon 1937 wurde die Westruper Heide unter Naturschutz gestellt. Sie grenzt an den Stausee, in dessen Nähe die Landschaft von Besen- und seltener Glockenheide geprägt ist. Weiter östlich findet man bizarr geformte Wacholder-

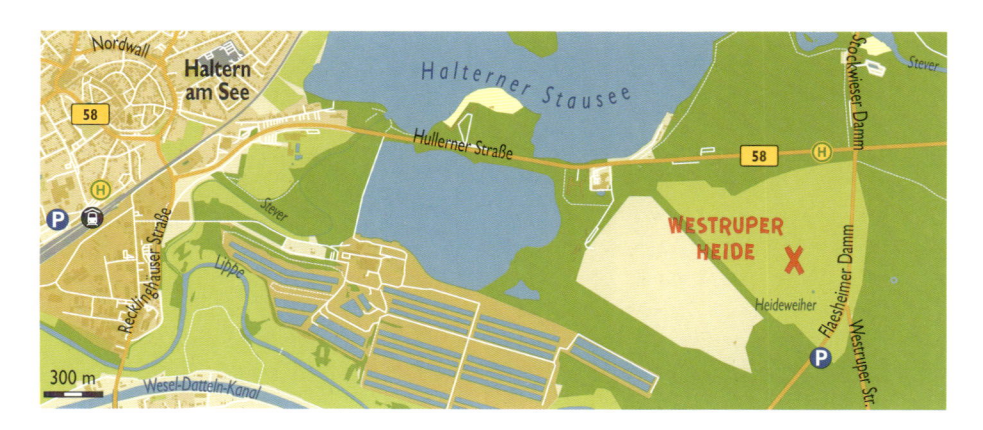

Guck doch mal! 30 Aussichtsbänke laden die Heidebesucher zum Verweilen und Staunen ein. Bizarr geformte Bäume, weite Sichten und die Farbe Lila, wohin man auch schaut.

büsche, die der Heide auch bei regnerischem Wetter einen besonderen, märchenhaften Charme verleihen.

Es ist verrückt. Aber kaum betritt man den sandigen Heideboden, befindet man sich in einer anderen Welt. Vergessen sind die Autos, die auf den angrenzenden Straßen fahren. Die Heidelandschaft scheint unendlich und strahlt eine wohltuende Wirkung aus.

30 Bänke sind über das ganze Gebiet verteilt. Man sollte sie nutzen, um die Zeit noch ein wenig hinauszuzögern, bevor es wieder zurückgeht in die normale Welt ohne lila Blütenmeer und weiten Blick. Wer Glück hat, kommt unterwegs an einem kleinen Eiswagen vorbei, der am südlichen Ende der Heide seinen Standplatz am Flaesheimer Damm/Ecke Westruper Straße hat – und dessen Besitzer italienischen Charme und bestes Eis verteilt. So lässt es sich aushalten!

FAZIT: ENTSPANNTES EINTAUCHEN IN EINE ANDERE, SANFTE UND WUNDERBAR LILA LEUCHTENDE HEIDEWELT.

Hin & weg: Mit Bus 272 bis Haltern am See, Haus Niemann. Mit dem Auto zu den Parkplätzen am Flaesheimer Damm, Haltern am See.

Dauer: 2 Std.

Beste Zeit: Im Spätsommer. Man sagt, die ungefähre Blütezeit der Heide sei vom 8.8. bis 9.9. Ende August ist also relativ sicher!

Ausrüstung: Fotoapparat, um das Naturereignis Heide festzuhalten.

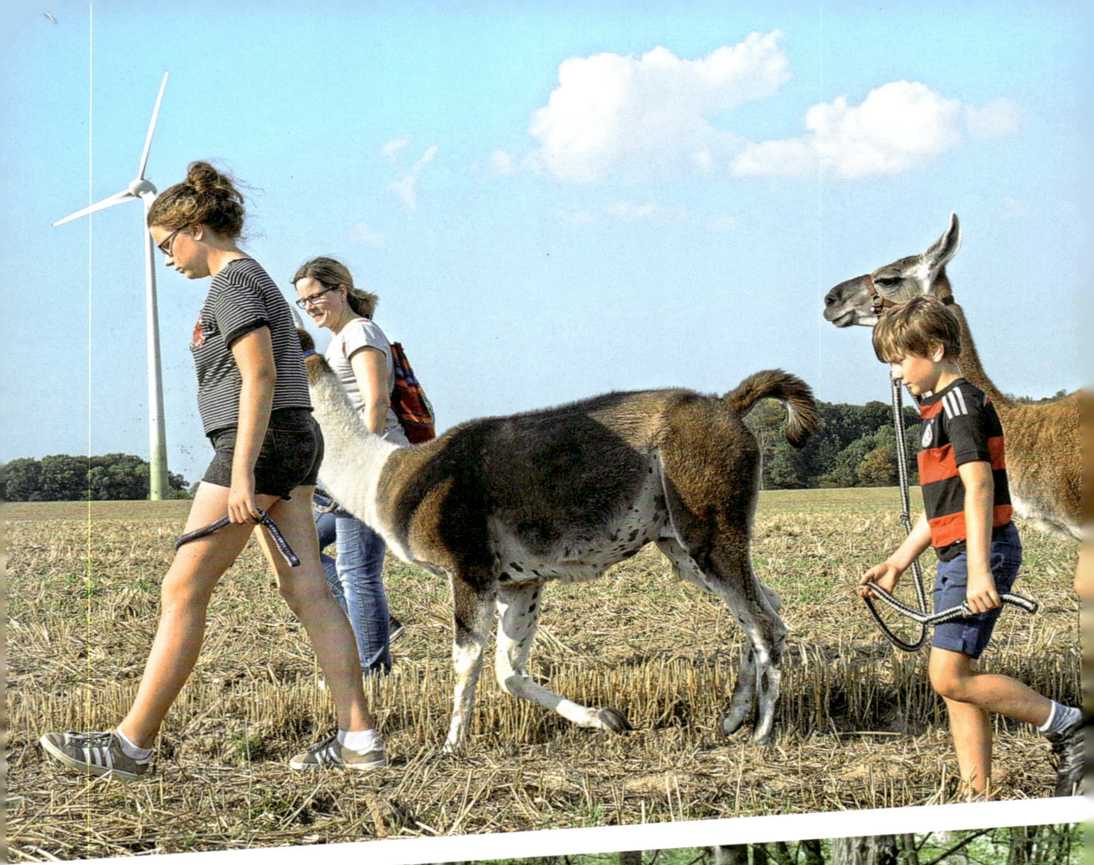

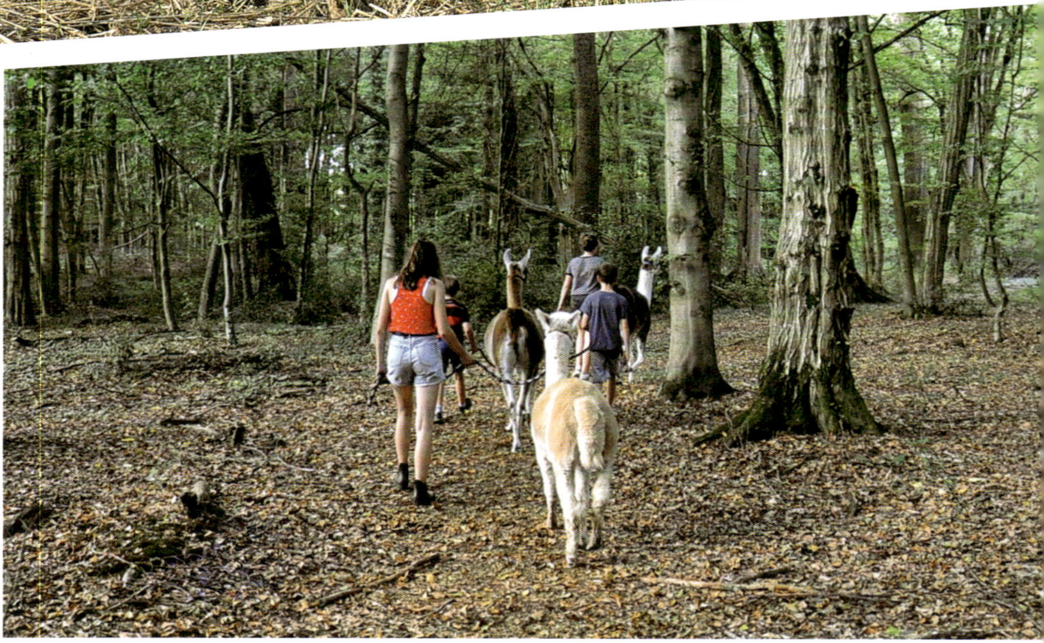

→ AUSFLÜGE

DIE ENTDECKUNG DER LANGSAMKEIT

⇉ ... gemütliches Waldwandern mit Alpakas ⇇

#35

Sie sind neugierig, schüchtern, sanft, flauschig und lösen bei fast jedem Menschen den Reflex aus, spontan auszurufen: »Sind die süß!« Alpakas und Lamas, die Nutztiere aus Südamerika, begeistern immer mehr Mitteleuropäer. Wenn man mit ihnen einen Waldspaziergang macht, wird man sehr, sehr ruhig.

#Entschleunigung #sanfteWegbegleiter #tierischentspannt

Alpakas sind friedlich, freundlich, scheu. Eigenschaften, die sie zum idealen Begleiter von Menschen machen, die zur Ruhe kommen möchten, weil sie sich ganz auf die sensiblen Tiere einlassen müssen.

Schnell, schnell – das ist nichts für Ulrike Tieskötter und auch nicht für ihre Alpaka- und Lamaherde. Wer über einen einsamen Feldweg zwischen Telgte und Warendorf zu ihrem Hof gelangt, um einen Spaziergang mit ihren Tieren zu machen, muss sich also unbedingt vorher über das Kontaktformular auf der Homepage (www.alles-alpaka-lama.de) anmelden – und viel Zeit mitbringen. »Die Leute sollen entschleunigen«, sagt sie. »Runterkommen, durchatmen«, lautet ihr Motto.

So nimmt auch sie sich Zeit und erklärt den Gästen nach ihrer Ankunft erst einmal in Ruhe alles über die friedlichen Tiere. Lamas und Alpakas sind Fluchttiere, sie können spucken, tun dies aber eigentlich nur, wenn sie sich bedroht fühlen oder Futterneid haben. Sie beißen nicht, sie möchten nicht bekuschelt werden, und man kann nicht auf ihnen reiten. Sie sind sensibel und freundlich.

Deshalb haben sie auch nichts dagegen, ein Halfter angelegt zu bekommen, um sich mit den Menschen auf einen Spaziergang über Felder und durch einen wunderbaren Mischwald aufzumachen. Die Mensch-Tier-Gruppe, die sich dann im Schatten der Windräder über die weite Landschaft aufmacht, besteht in der Regel aus zwölf Zwei- und maximal sechs Vierbeinern, und sie ist äußerst bunt. Während zum Beispiel Alpaka Rio ein helles Fell hat, trägt Felix schwarzes und Marlin braunes.

Die Verhaltensregeln sind denkbar einfach: Man hält das Tier locker an der Leine und passt sich dessen Tempo an. Bleibt zum Beispiel Herdenchef Otto (ein Lama) stehen, um

Lamas können zwar spucken, tun dies aber nur, wenn sie sich bedroht fühlen. Also: Nicht das Futter klauen und immer schön nett sein! So lernt der Mensch vom Tier.

die Lage zu checken, wartet man einfach ein Weilchen. Ein Gast führt ein Tier, oder zwei Menschen »teilen« sich eines, indem sie rechts und links vom Alpaka gehen und mit der Leine Verbindung zu den sanften Leisetretern halten. Hufgetrappel gibt es bei Alpakas übrigens nicht. Sie schreiten auf leisen Sohlen über Stock, Stein, Asphalt und Waldboden. Ab und zu geben sie lediglich ein paar Summlaute von sich.

Ob es diese Summlaute sind, das gemächliche Tempo, die großen Augen, die aufmerksam alles um sie herum wahrnehmen, oder einfach ihre Ausstrahlung, die den Menschen so ruhig machen, lässt sich nicht genau sagen. Aber Ulrike Tieskötter stellt eines immer wieder fest: Nach einer Wanderung mit einem Alpaka sind die Menschen viel entspannter als vorher.

FAZIT: NATUR, TIER UND MENSCH FÜGEN SICH BEI EINER ALPAKAWANDERUNG PERFEKT UND BERUHIGEND ZUSAMMEN.

Hin & weg: Zwischen Warendorf und Telgte liegt der Alpaka- und Lamahof Münsterland, Besterfeld 15, 48291 Telgte. Nur nach Anmeldung und mit dem Auto zu erreichen.

Dauer: Ein halber Tag.

Beste Zeit: Ganzjährig schön.

Ausrüstung: Bei warmem Wetter Rucksack mit Wasserflasche, bequeme, feste Schuhe, im Sommer Zeckenmittel aufsprühen.

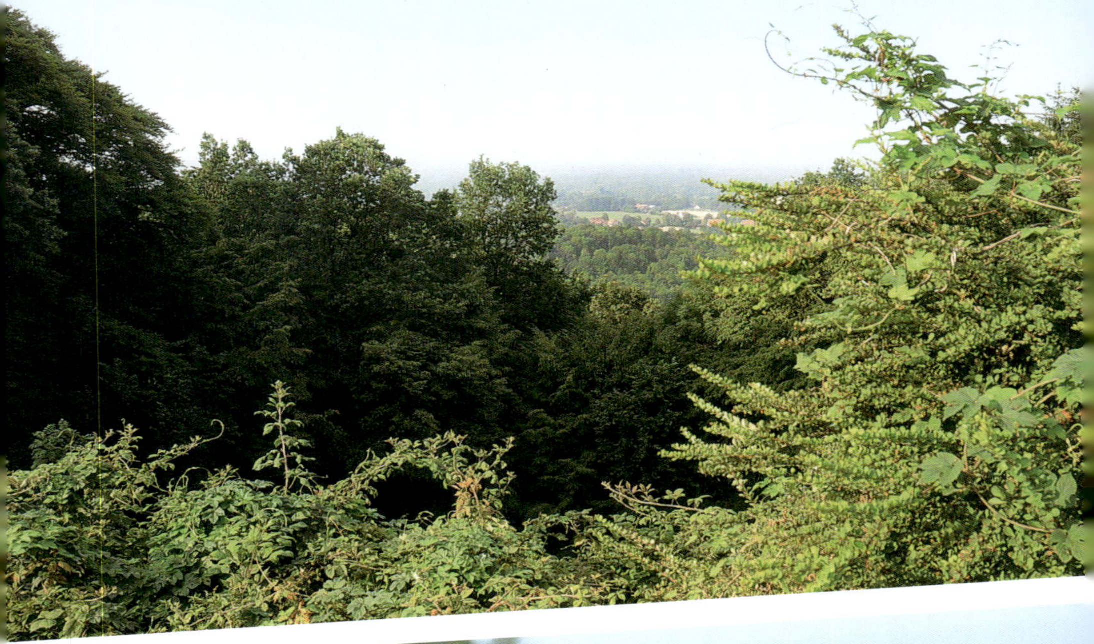

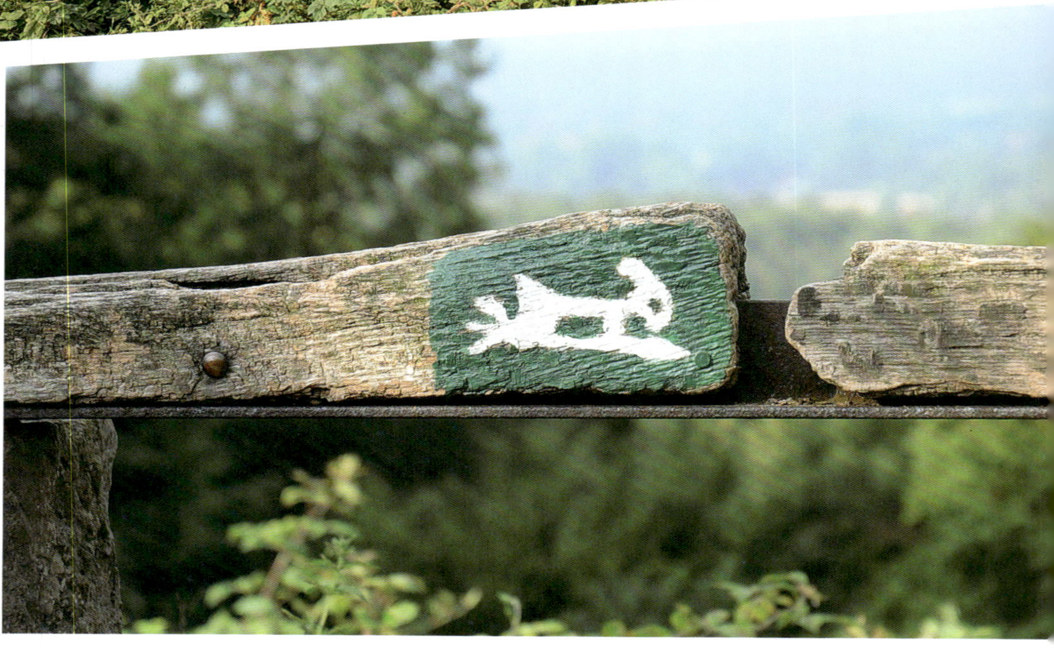

→ AUSFLÜGE

ZAUBER-HAFTE BESENTOUR

≥ ... der Hexenpfad in Tecklenburg ≤

#36

Wer gern ins Mittelalter eintauchen möchte, mystische Sagen mag, einen schönen Wald auf verschlungenen Pfaden entdecken will und keine Angst vor tief fliegenden Wesen auf Besen hat, sollte den Tecklenburger Hexenpfad erwandern. Die kurzweilige Runde entfaltet besonders im Herbst eine eigene Magie.

#Hokuspokus #aufundab #kleinefeineRunde #Mittelalterstädtchen

Gruselige Geschichten ranken sich um die Tecklenburger Felsformationen. Einst sollen sich dort Hexen zum Tanz getroffen und magische Zaubertränke gebraut haben.

Wo auch immer man sich in Tecklenburg aufhält, der Hexenpfad ist nicht weit. Der Weg beginnt offiziell auf dem Marktplatz am Haus des Gastes, der Touristeninformation. Ist dort geöffnet, kann man vor Tourstart auch noch einen kleinen Flyer über den Weg erwerben. Blickt man auf den Eingang des Hauses, hält man sich rechts. Das Torhaus Legge ist quasi

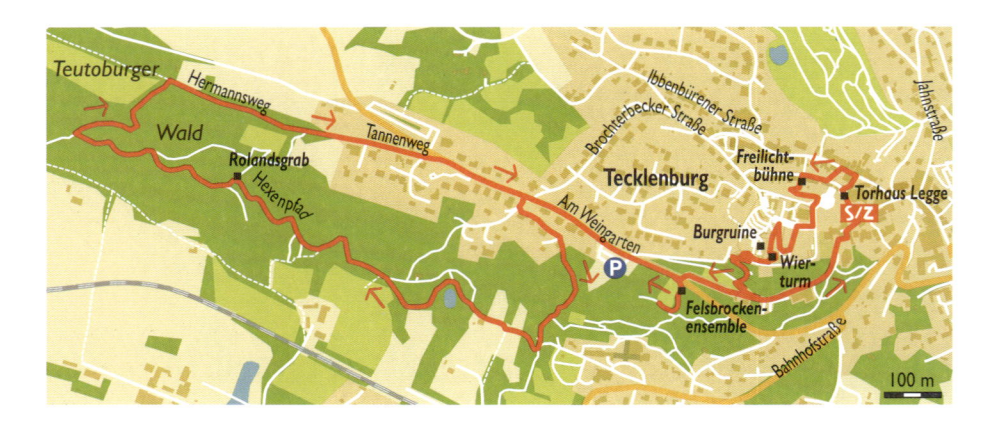

Immer der Hexe hinterher. Die bildhaften Wegweiser zu suchen, macht nicht nur den Kindern Spaß.

der Einstieg des Hexenpfades, der sich aber auch von allen anderen Stationen (z. B. Parkplatz Münsterlandblick) aus gut starten lässt. Im Torbogen des Hauses befand sich einst die erste landesherrliche Leinenprüfanstalt Westfalens. Hier wurde die Qualität des Stoffes geprüft und die Ware besteuert.

Wer die Augen offen hält, kann sich das Kartenmaterial bei dieser Runde sparen – und das ganz ohne Zauberei. Eine weiße Hexe auf grünem Grund weist den Weg. Dieser führt zunächst auf ebener Strecke an den Dächern der Altstadt vorbei, Richtung Burgruine. Vorbei an der Freilichtbühne und dem Wierturm, der dem Bekämpfer des Hexenwahns, Johannes Wier, gewidmet ist, geht es über die Straße Am Weingarten. Hier hängen tatsächlich Weintrauben an den Reben.

Es folgt das Highlight der Tour, das direkt an einer Straße liegt (Achtung beim Überqueren!): Die Hexenküche und der Hexentanzplatz bestehen aus einem Felsbrockenensemble, das zum Klettern und Rasten einlädt – und das die Fantasie der Menschen seit jeher anheizte. Angeblich trafen sich hier einst die Hexen aus der Gegend, um ihre Zaubermixturen und Heilmittel zu mischen und zu kochen. Auch der Teufel soll regelmäßig zu Gast gewesen sein. Wer genau hinschaut, entdeckt seine Fußabdrücke im massiven Stein.

Weiter geht's hinab über Felsenstufen in einen verwunschenen Wald, in dem mit dem Rolandsgrab und dem sogenannten Heidentempel noch weitere etwas unheimlich an-

mutende Orte warten, bevor es dann in den mittelalterlichen Ortskern geht, dabei immer dem Schild der Hexe folgend.

FAZIT: EINE MAGISCHE TOUR FÜR ZAUBERFANS, DIE SICH VON AN- UND ABSTIEGEN NICHT SCHRECKEN LASSEN.

Hin & weg: Mit dem Auto zum Parkplatz Münsterlandblick, Am Weingarten, 49545 Tecklenburg oder bis zum Haus des Gastes, Tecklenburg Touristik GmbH, Markt 7, 49545 Tecklenburg.

Dauer & Strecke: 2,5 Std., 5,2 km.

Beste Zeit: Im Herbst, am besten, wenn es neblig ist.

Ausrüstung: Wanderschuhe, Picknick, Hexenbuch.

MARITIMES FLAIR

≥ ... mit dem Fahrrad am Dortmund-Ems-Kanal ≤

#37

Zwei Häfen, einen Joghurt-Käse-Kakao-Automaten, Wege direkt am Wasser, eine hochmoderne Schleuse und viele Pättkes bietet diese abwechslungsreiche Radtour zwischen Cityflair und Landpartie. Das Besondere: Drei Bahnhöfe liegen an der Strecke. Abkürzen ist also kein Problem.

#CanalGrande #Bootegucken #CocktailamKai #StadtundLand

Das Münsterland ohne Fahrräder? Unvorstellbar.

→ AUSFLÜGE...

Startpunkt ist der kleine Bahnhof Westbevern, der, nur eine Haltestelle von Münster entfernt, extrem entspannt und ruhig daherkommt. Über die Treppen geht es fahrradschiebend hinunter in den Fußgängertunnel, dort rechts wieder nach oben, dann die Straße gegenüber an den Siedlungshäusern vorbei (Borgesch) nehmen. Anschließend die große Landstraße (Schultenhook) überqueren. Über einen asphaltierten Feldweg geht es zur Hofkäserei Bisping. Wer sich mit Kakao oder Käse versorgen will, sollte zugreifen, denn hier wird alles von Hand und vor Ort produziert. Ein Kühlautomat steht 24 Stunden am Tag bereit.

Hat man den Hof überquert, hält man sich links. Über die Fuestruper Straße gelangt man am Kaffeelokal Tennenhof vorbei auf den Weg zum Jachthafen Alte Fahrt, der direkt am Dortmund-Ems-Kanal liegt, eingebettet zwischen Vogelkolonien und grünen Weiden. Hier campieren Wohnmobilbesitzer, kleine Segeljachten liegen vor Anker, und eine Gaststätte mit Außenterrasse lädt zu einer maritimen Pause.

Der Jachthafen ist auch ein beliebtes Ziel für Wohnmobilbesitzer. Der Platz am Wasser ist immer gut ausgelastet mit den Reisenden auf vier Rädern.

Am Kanal entlang geht es weiter Richtung Münster. Besonders ist der Blick auf die Ems, die hier unter dem Kanal ihr Bett hat. Eine Kreuzung mit zwei Wasserwegen ist eben durchaus außergewöhnlich.

Direkt am Ufer entlang fühlt man sich wie auf einem Nordseedeich. Das nächste Ziel ist die moderne Schleuse. Hier sollte man unbedingt eine Pause einlegen und dabei zuschauen, wie die Boote auf die verschiedenen Wasseretagen geschleust werden.

Der Weg wechselt nun die Kanalseite. Bei gutem Wetter radelt man an zahlreichen Sonnenanbetern vorbei, die es sich auf den Uferwiesen gemütlich machen. Der Kanal ist dann die größte Badeanstalt Münsters. Bevor man zum Stadthafen kommt, muss man noch einmal die Seite an einer der Kanalbrücken wechseln.

Durch Industriebrachen, die ihren ganz eigenen Charme haben, kommt man zur modernsten Ausgehmeile Münsters. Restaurants, Cafés, Bars inmitten moderner Architektur laden zur langen Pause ein. Ein paar alte Speicher und ein alter Kran sorgen für Hafenstimmung.

Wer hier versackt, kann einfach zum Hauptbahnhof Münster radeln, der nur wenige Minuten entfernt liegt, und von dort mit dem Zug zurückfahren.

Für die fleißigeren Radler geht der Weg zunächst am Kanal entlang zurück. Über den Pleistermühlenweg gelangt man über idyllische Feldwege zur Pleister Mühle, einem Ausflugslokal mit Minigolfanlage und Kanuanlegestelle (Eskapade #5). Die Tour führt an alten Höfen vorbei in das idyllische Wallfahrtsstädtchen Telgte. Hier kann man am gepflasterten Marktplatz einkehren und bei Bedarf in den Zug steigen. Oder aber man nimmt das nächste ländliche Highlight mit und radelt über Pättkes, vorbei am Emshof und der Mittelalterburg Haus Langen mit Wassermühle (Eskapade #19) zum Ausgangspunkt nach Westbevern-Vadrup zurück.

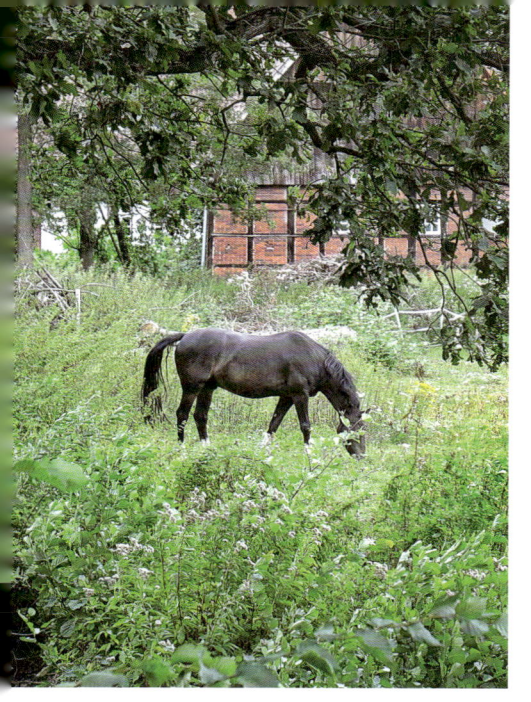

FAZIT: FLEXIBLE STADT-LAND-KANAL-TOUR MIT VIELEN HIGHLIGHTS UND ABKÜRZUNGSMÖGLICHKEITEN.

Hin & weg: Mit der Eurobahn (stündlich: Münster–Osnabrück) bis Bahnhof Westbevern. Auch Telgte hat Zuganschluss.

Dauer & Strecke: Reine Fahrzeit 3 Std., die Strecke ist 41 km lang, mit Pausen ein ganzer Tag.

Beste Zeit: Ganzjährig, besonders schön, wenn es nicht windig ist (sonst auf dem Kanaldamm anstrengend).

Ausrüstung: Kleingeld für den Käseautomaten, Löffel für den Joghurt aus dem Automaten, Wasser und ein Smartphone, um die Abfahrtzeiten der Züge zu checken.

VON PFÜTZE ZU PFÜTZE

≥ ... durch das Naturschutzgebiet Heiliges Meer ≤

#38

Niemand wandert gern bei Regen. Doch manchmal sorgt das nasse Wetter für eine ganz besondere Stimmung. Das funktioniert auch auf dem Premiumwanderweg vom Mittellandkanal bei Ibbenbüren zum Heiligen Meer. Gräben, Moore, Heidefelder, wilder Wald, Seen – sie wirken bei grauem Himmel sehr geheimnisvoll.

#Teutoschleife #Heidschnucken #Mittellandkanal #Premiumwandern

→ AUSFLÜGE

Der besondere Charme dieser Regenwanderung liegt in den abwechslungsreichen Wegen und Pfaden.

Die Wanderung vom Mittellandkanal zum Naturschutzgebiet Heiliges Meer ist eine von insgesamt acht Teutoschleifen, die als Premiumwanderwege ausgezeichnet wurden. Das Gute daran: Die Wege sind sehr gut ausgeschildert.

Deshalb ist es auch kein Problem, am Startpunkt der Runde, dem Parkplatz des Hotels Mutter Bahr, das erste Hinweisschild mit der Beschriftung »Teutoschleife« und einem Pfeil darauf zu finden.

Zunächst überquert man die Landstraße und gelangt so zum Mittellandkanal. Man hält sich links, nach der ersten Brücke geht es dann wieder links. Man kommt am Parkplatz Forsthaus vorbei, dann führt ein schmaler Weg zum Naturkundemuseum, das idyllisch neben einer Schutzhütte mitten im Wald liegt. In der Schutzhütte läuft ein Video mit Informationen zum Naturschutzgebiet.

Der verschlungene Waldpfad, der von hier aus vorbei an kleinen Kanälen führt, wird bei Regen schnell zum Pfützenparcours. Kinder in Gummistiefeln werden ihre helle Freude daran haben.

Durch ein Gatter kommt man auf eine große Heidefläche. Schon aus der Ferne beobachten einen die grasenden Heidschnucken. In der Mitte der lichten Fläche bilden riesige Eichen das Zentrum. Nach dem Passieren des zweiten Gatters liegt das Große Heilige Meer vor einem. Dieser Binnensee ist vor rund tausend Jahren durch einen Erdfall entstanden. Nach der spannendsten, aber unwahrscheinlichsten Sage, die sich um die Entstehung des Sees rankt, stand hier einst ein Kloster, dessen Mönche sündigten. Deshalb sei das Kloster in die Tiefe gerissen worden.

Hin & weg: Mit dem Auto zum Parkplatz des Hotels Mutter Bahr, Nordbahnstraße 39, 49479 Ibbenbüren-Uffeln.

Dauer & Strecke: Rund 3 Std., 9 km.

Beste Zeit: Ganzjährig, nach einem heftigen Schauer, wenn es noch von den Bäumen tropft.

Ausrüstung: Wasserdichte, bequeme Schuhe, Picknick für unterwegs.

Wasser marsch! Bevor man zum Heiligen Meer gelangt, passiert der Wanderer den Mittellandkanal. Dieser ist die längste künstliche Wasserstraße in Deutschland.

In einem weiten Bogen umrundet man den See auf zum Teil dschungelartigen Wegen. Nachdem man einen schönen Platz mit Seeblick passiert hat, geht es dann weiter zum Erdfallsee, der einer von vier großen Stillgewässern ist und inmitten einer weiteren Heidelandschaft liegt. Danach läuft man auf nicht mehr ganz so spannenden Wegen zurück zum Ausgangspunkt, dem Hotel Mutter Bahr.

FAZIT: EINE ECHTE NATURTOUR, DIE MAN BEI JEDEM WETTER MEISTERN KANN.

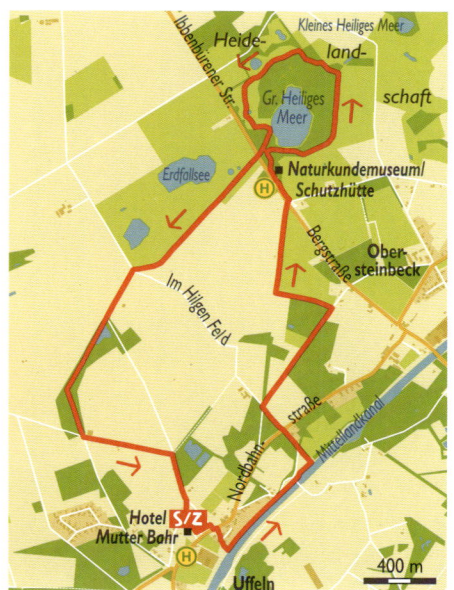

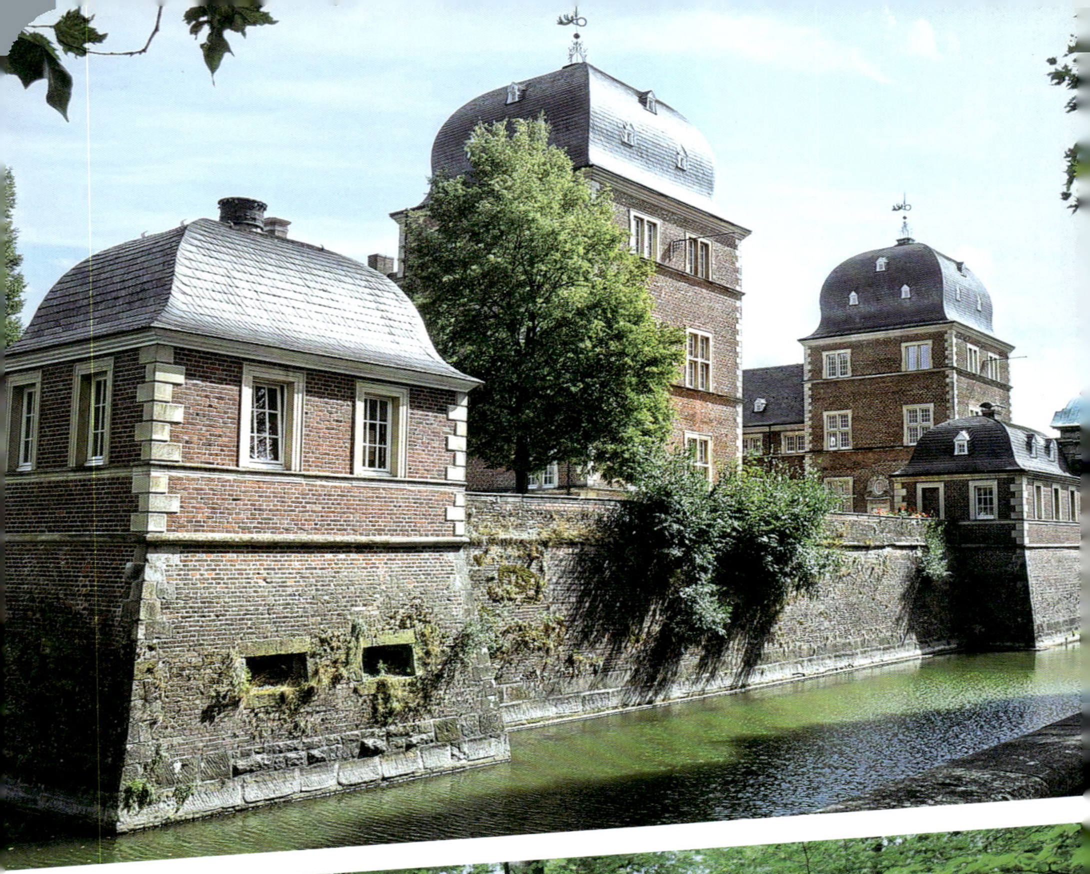

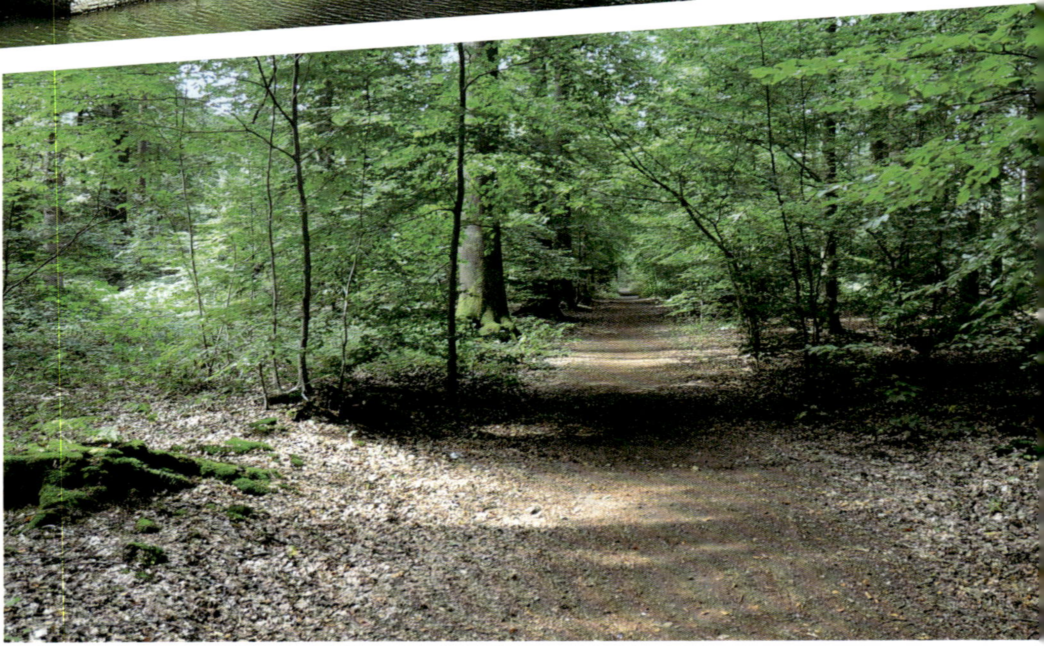

→ AUSFLÜGE

EIN SCHLOSS KOMMT SELTEN ALLEIN

⇒ ... von Legden nach Ahaus ⇐

#39

Legden ist eigentlich berühmt für seine Dahlien und das Partydorf im Münsterland. Dass hier auch ein großes Eichen- und Buchenwaldgebiet liegt, in dem sich außerdem mit dem Wasserschlösschen Haus Egelborg ein wirklich schönes Kleinod befindet, weiß kaum jemand.

#vonSchlosszuSchloss #Waldidyll #Streckentour   165

Via App kann man sich ein Paddelboot für eine Tour auf der Gräfte von Schloss Ahaus mieten.

Von der Bushaltestelle Nordring aus geht es rechts in den Westring, dann überquert man die Ahauser Straße und biegt rechts in die Bahnhofstraße. Hier startet der Weg mit der Kennzeichnung X5. Ihm folgt man bis Ahaus.

Gleich zu Beginn der Wanderung liegt das Wasserschloss Haus Egelborg. Ursprünglich lag es auf zwei Inseln, der trennende Graben wurde aber zugeschüttet. Eine alte Mühle gehört zur Anlage, an der Gräfte vorbei kann man die Gemäuer umrunden. Auch wenn eine Besichtigung nicht möglich ist, ist die Aussicht auf das Schloss im niederländischen Renaissancestil unbedingt lohnenswert. Perfekt fügt sich das Ensemble, das mindestens seit dem Jahr 1400 existiert und immer wieder erweitert wurde, in den idyllischen Mischwald ein. Immer wieder kann man durch das Geäst neue Aussichten genießen.

Danach geht es – der Kennzeichnung X10 folgend – durch den Eichen- und Buchenwald Die Bröcke, der im westlichen Münsterland der größte seiner Art ist. Am Wegesrand liegt die Gastwirtschaft Waldesruh mit einer schönen Außenterrasse. Auf weichem Waldboden gelangt man so schließlich nach Ahaus und zum Schloss Ahaus, das mitten in der quirligen Stadt liegt.

Ein weitläufiger Park lädt zum Schlendern und Pausieren ein, eine Wasserfontäne schießt aus der Gräfte. Schloss Ahaus war einst die Jagdresidenz der Fürstbischöfe zu Münster. In den Jahren 1765 und 1767 drückte auch der berühmte Barockbaumeister Johann Conrad Schlaun nach der Zerstörung im Siebenjährigen Krieg mit dem Bau einer Gartenfront mit großer Freitreppe dem Schloss seinen Stempel auf. Heute ist die Technische Aka-

Nicht so prächtig, aber charmant. Auch Nebengebäude von Schlossanlagen eignen sich als Fotomotiv.

demie Ahaus in den Gemäuern untergebracht. Wer möchte, kann sich via Smartphone-App ein kleines Boot mieten und damit um den Schlossgraben rudern.

Von der Bushaltestelle Ahaus-Marienplatz geht es dann zurück nach Legden zur Starthaltestelle Nordring.

FAZIT: EIN SCHÖNER, URSPRÜNGLICHER WALD MIT ZWEI HIGHLIGHTS AN BEIDEN ENDEN DER STRECKENWANDERUNG.

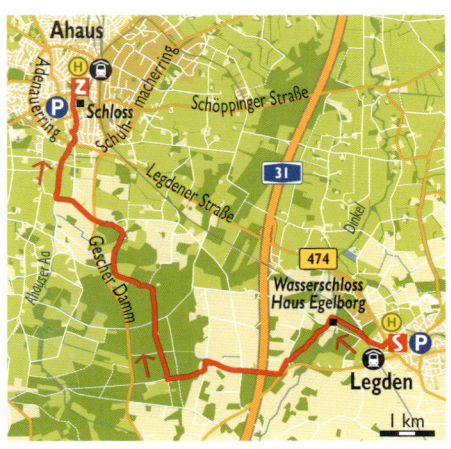

Hin & weg: Mit Bus 582 oder 781 bis Nordring, Legden.

Dauer & Strecke: 3,5 Std., 13,2 km.

Beste Zeit: Im Herbst zeigt sich der Wald von seiner schönsten Seite.

Ausrüstung: Wanderschuhe, Pausensnack und ein Smartphone für die Ruderboot-Ausleih-App.

VON BURG ZU BURG

≳ ... ein Bummel durch Lüdinghausen ≲

#40

Für Unentschlossene ist Lüdinghausen das Idealziel. Denn hier muss man sich nicht festlegen, ob man spazieren gehen, spielen, Geschichte erleben oder einfach shoppen möchte – hier ist alles gleichzeitig in Hülle und Fülle zu haben.

#Zweiburgenstadt #alteGemäuer #beeindruckend

→ AUSFLÜGE

Über eine Holzbrücke geht's zur Burg Vischering und damit in eine andere, mittelalterliche Welt.

Wer seine Tour am Eingang des kleinen Park de Taverny am Kapitelweg beginnt, wird direkt in eine friedliche, zauberhafte Welt entführt. Denn das schmiedeeiserne Tor, das durch eine mächtige Mauer zur Grünfläche samt Bouleplatz, Bodenlabyrinth und Seilbahn führt, hat etwas Märchenhaftes an sich. Dass sich der Park, der nach der Partnergemeinde von Lüdinghausen benannt wurde, in unmittelbarer Nachbarschaft zur Burg Lüdinghausen befindet, entfaltet seinen ganz eigenen Charme.

Der Weg führt an gemütlichen Parkbänken vorbei zur ehemaligen Ritterburg. Dort geht es äußerst lebendig zu. Oft finden in den Räumen öffentliche Veranstaltungen oder Basare statt. Ein Blick ins Innere lohnt. Die Burg, die bereits von 816 bis 926 gebaut wurde, wurde in den Jahren 1569 bis 1572 im Stil der Renaissance erneuert, im Keller kann man historische Ausgrabungen entdecken.

Weiter geht's jedoch zum wesentlich bekannteren Wahrzeichen Lüdinghausens, der Burg Vischering. Sie liegt nur einen Katzensprung entfernt. Schilder weisen den Weg durch die weitläufige Parkanlage oder vorbei an der Mühlenstever, die von vielen idyllisch gelege-

Bevor man auf Burgentour geht, kann man im Bodenlabyrinth des Park de Taverny eine Runde drehen. Später lädt die hübsche Innenstadt samt Marktplatz und vielen Geschäften zum Bummeln ein.

nen kleinen Häusern gesäumt wird. Über eine moderne Holzbrücke geht es an Bronzebüsten berühmter Lüdinghauser vorbei. Man quert die Klosterstraße und durchschreitet eine magische Tür inmitten eines alten Gemäuers.

Der Blick auf die trutzige Burganlage Vischering wird frei. Wassergräben, Zugbrücken, dicke Mauern und Schießscharten – hier kommen kleine und große Ritterfans voll auf ihre Kosten. Wer mag, kann sich im Innern das modernisierte Museum inklusive Lichtinstallationen anschauen, doch auch wer draußen bleibt, bekommt viel Historisches zu sehen. Kneift man ein wenig die Augen zusammen, könnte man sich durchaus vorstellen, wie hier einst die Ritter die Burg aus dem Jahre 1271 verteidigten. Ein schöner Pfad führt um die Burg herum.

Im Burghof kann man eine Erfrischungspause einlegen und im Café Reitstall frisch gebackene Kuchen, Torten und Herzhaftes probieren. Nichts stört hier das Bild, alles ist extrem gut gepflegt und passt sich in das Mittelalterambiente ein.

Hin & weg: Mit der Bahn RB51 bis Bahnhof Lüdinghausen. Mit dem Auto Richtung Innenstadt Lüdinghausen fahren und den P-Schildern folgen, es gibt überall kleine Parkplätze.

Dauer & Strecke: Die kleine Burgentour dauert nur 1 Std. Die Strecke ist rund 3 km lang.

Beste Zeit: Ganzjährig schön. Im Frühling stehen die Obstbäume im Park de Taverny in voller Blüte, im Herbst färben sich die Blätter bunt, im Winter entfalten die Burgen ihren ganz eigenen Charme.

Ausrüstung: Portemonnaie für den Markt, Fotoapparat für die Burgen, bequeme Schuhe für den Park.

Wer danach in die Neuzeit wechseln möchte, sollte sich zurück in die Altstadt von Lüdinghausen begeben. Am Samstag findet hier ein sehr vielfältiger Wochenmarkt auf dem Marktplatz statt. Geschäftsleerstand scheint in der frisch sanierten und äußerst lebendigen Innenstadt kein Thema zu sein. Für Abwechslung sorgen die zum Teil lustig aussehenden Bronzefiguren, die an Lüdinghauser Originale erinnern sollen. So muss man einfach lächeln, wenn man das Stritzken, ein langnasiges Männchen, in der Fußgängerzone erblickt. Stritzken heißt übrigens auf Plattdeutsch Schnaps. Und davon soll dieser kleine Mann reichlich getrunken haben.

FAZIT: LEBENDIGE KLEINSTADT MIT BEEINDRUCKENDER BURGENDICHTE UND CHARME.

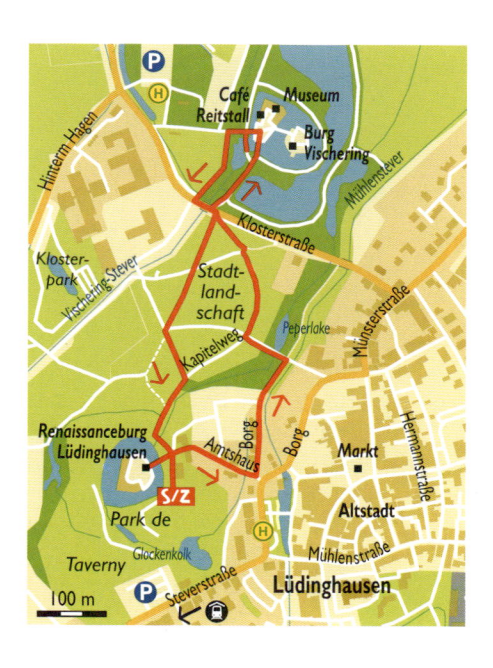

3. KAPITEL
MINIURLAUB

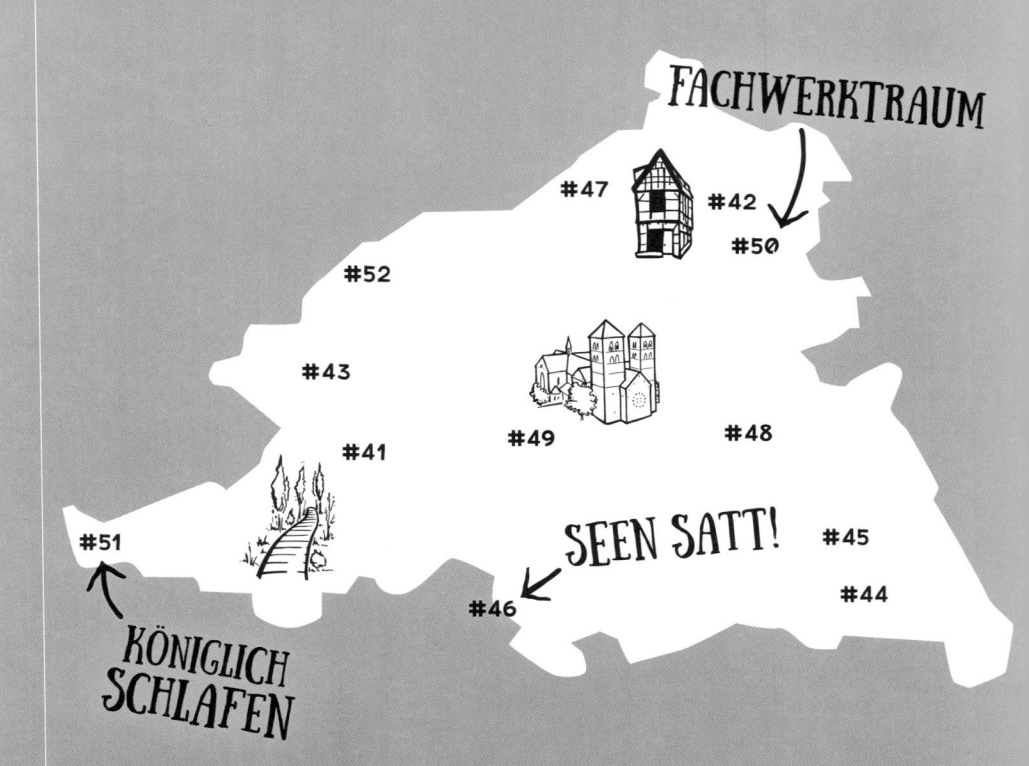

FACHWERKTRAUM

#47 #42
#50
#52
#43
#49 #48
#41
#51 SEEN SATT! #45
#46 #44

KÖNIGLICH
SCHLAFEN

Ferien für ein Wochenende

Tierisch entspannen mit Ponys, Kaninchen und Ziegen, täglich radeln ohne Stress oder kleine, verhexte Bergtouren – Ferienfeeling gibt's hier auch ohne weite Flüge.

36H

#41	... in und um das Museumsdorf Gescher	Seite 174
#42	... auf dem Töddenland-Radweg	Seite 178
#43	... Ferienhof in Ahaus	Seite 182
#44	... im Freizeitparadies Beckum	Seite 186
#45	... auf dem Bauernhof in Ennigerloh	Seite 190
#46	... in Haltern am See	Seite 194
#47	... in der Flussstadt Rheine	Seite 198
#48	... in der Pilgerstadt Telgte	Seite 202
#49	... in den Baumbergen	Seite 206
#50	... im Fachwerkstädtchen Tecklenburg	Seite 210
#51	... in Isselburg	Seite 214
#52	... in Gronau	Seite 218

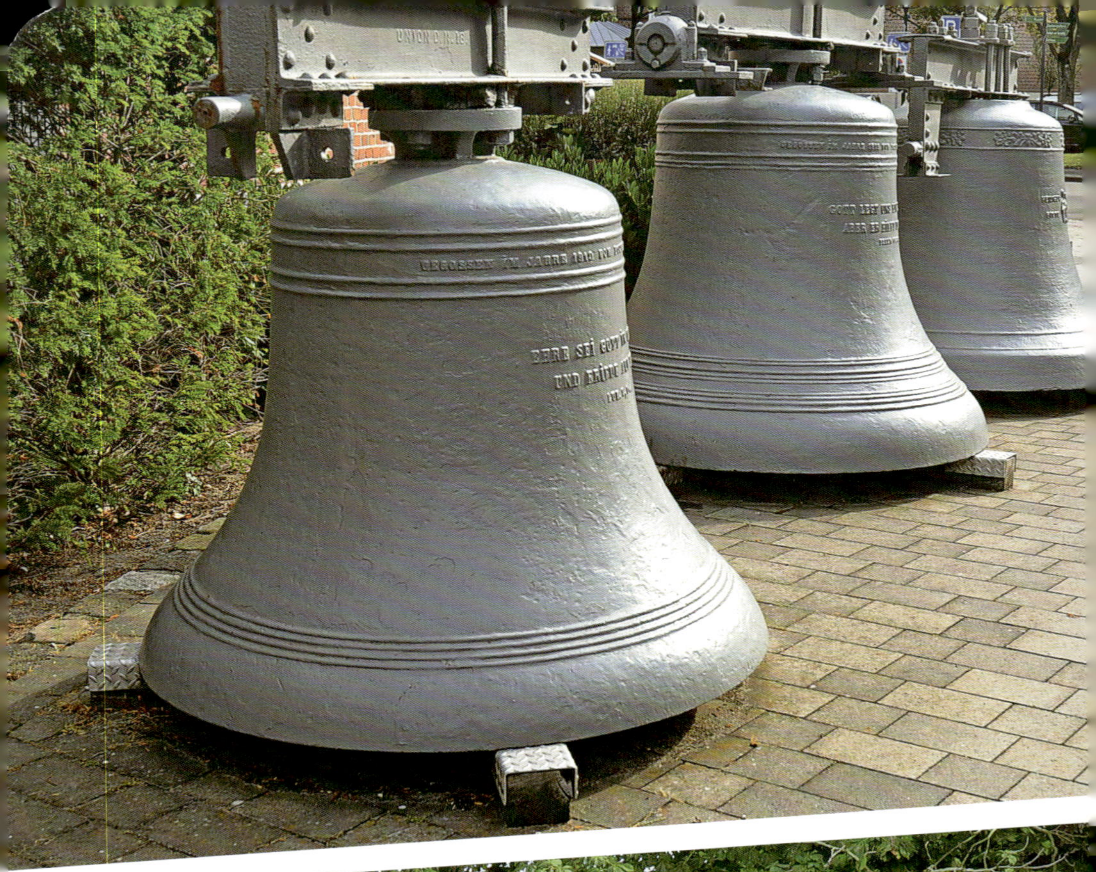

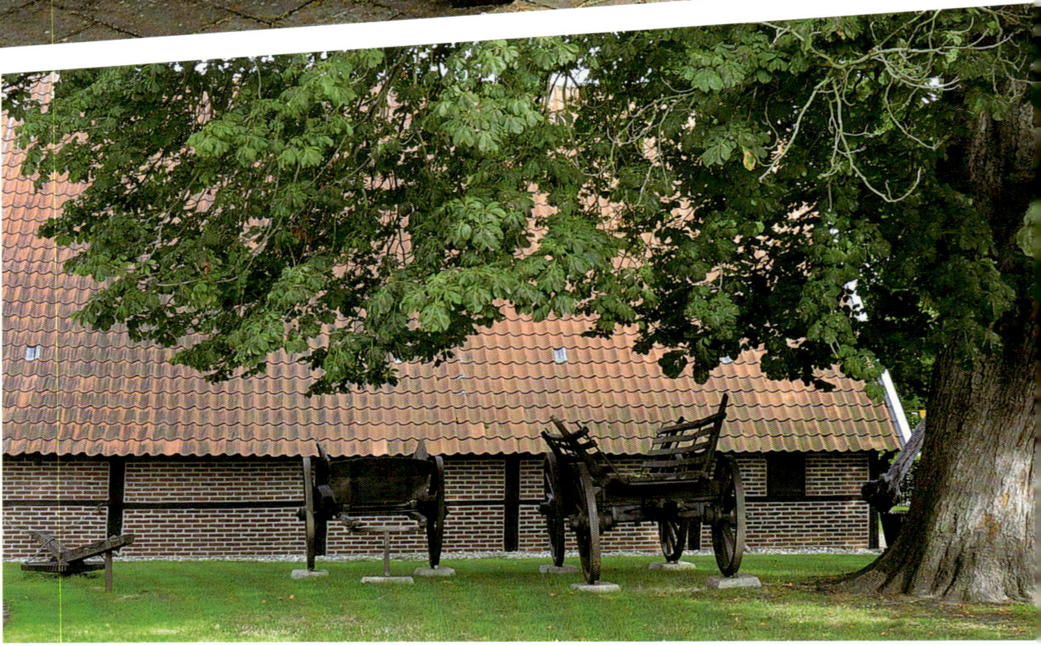

→ MINIURLAUB...

VOLL AUF DIE GLOCKE

⇒ ... in und um das Museumsdorf Gescher ⇐

#41 Gescher ist bekannt als Glocken- und Museumsdorf. Was viele nicht wissen: Hier findet alljährlich im April ein besonderes Konzert statt, das allerdings ganz ohne Glockengeläut auskommt. Dann hört man im benachbarten Hochmoor die Balzrufe türkisblauer Moorfrösche.

#Froschkonzert #blauesWunder #Glockenmuseum

Handwerksgeschichte, die immer noch aktuell ist. Auch heute noch ist die Herstellung einer Glocke so aufwendig wie in alten Zeiten.

Orte Legden und Ahaus beradeln – und dort schöne Schlösser anschauen.

Die Stadttouristik hat sich längst auf die verschiedenen Bedürfnisse der Gäste eingestellt. In Kompaktpaketen kann man sich seinen Urlaub wie in einem Baukasten zusammenstellen lassen. Erst in der Glockengießerei etwas über das alte Handwerk lernen und später eine Bootstour auf der Berkel. Warum nicht?! Oder man unternimmt eine Radtour rund um Gescher und gönnt sich ein Mittagessen mit dem klangvollen Namen Glockenteller.

Unabhängig davon, ob man eine geführte Wanderung bevorzugt oder auf eigene Faust losgeht: Was unbedingt zum Urlaub gehören sollte, ist ein Besuch im Moor. Im Ortsteil Hochmoor befinden sich die Naturschutzgebiete Fürstenkuhle und Kuhlenvenn. Beide sind Überbleibsel des Weißen Venns, das einst das größte Moorgebiet in Westfalen war. Hier ist es wirklich ruhig, still und absolut idyllisch. Wenn man Glück hat und die richtige Woche im Frühjahr erwischt, kann man die männlichen Moorfrösche bei der Balz beobachten und belauschen. Ein sehenswertes Schauspiel! Sie schmeißen sich dafür wirklich in Schale, ihre Haut schimmert bläulich türkis.

Es ist schon etwas Besonderes, wenn ein kleines Städtchen so eine große Auswahl an Museen zu bieten hat. In Gescher ist man deshalb stolz auf das Westfälische Glockenmuseum, den Museumshof auf dem Braem, das Westfälisch-Niederländische Imkermuseum, die Kunsthalle Hense und das (D)Torfmuseum in Gescher-Hochmoor. Gescher macht die Besucher klüger.

Aber es macht sie auch zufriedener. Denn hier kann man nicht nur Wissenswertes lernen, sondern ganz problemlos eine entspannte Landpartie nach der anderen ausbaldowern. Die Liste der Radrouten, die hier entlangführen, ist lang. Die berühmtesten sind die Flamingoroute und der Emsradweg. Auf Wegen ohne nennenswerte Steigungen kann man auch hervorragend von Gescher aus die

Auch sonst sind Fürstenkuhle (Eskapade #15) und Kuhlenvenn ein idealer Ort für Tierbeobachtungen in einer herrlich ursprünglichen Landschaft. Wer etwas länger bleibt, kann in die Niederlande radeln oder das Zwillbrocker Venn mit seinen Flamingos besuchen (Eskapade #23).

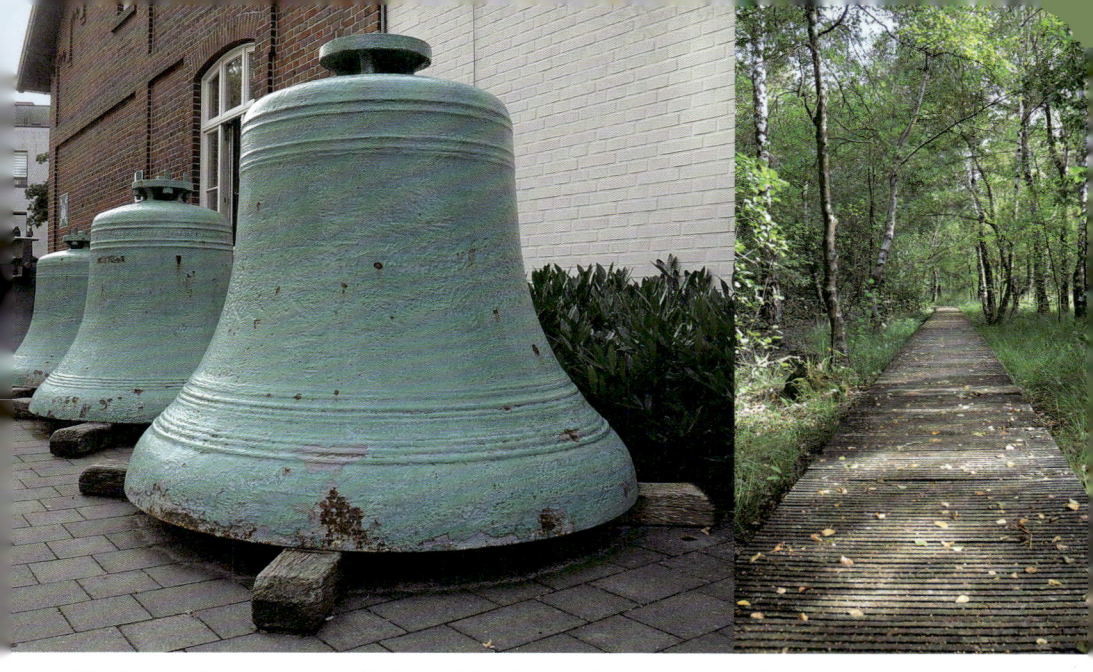

Viele Besucher kommen wegen der Glocken nach Gescher, doch das Museumsdorf punktet auch mit seinen Moorgebieten Fürstenkuhle und Kuhlenvenn.

FAZIT: BIETET NOCH VIEL MEHR ALS GLOCKENGELÄUT UND MUSEEN.

Hin & weg: Mit dem Auto zum Glockenmuseum (Lindenstraße 4, 48712 Gescher), das mitten im Ort liegt, gegenüber befinden sich Parkplatz und Stadttouristik.

Dauer & Strecke: 2–4 Tage. Die eingezeichnete Strecke ist 39,8 km lang.

Beste Zeit: April, weil man dann die Chance hat, die Frösche zu hören.

Ausrüstung: Fernrohr, wasserdichte Schuhe.

Wenn es Nacht wird: Das Hotel zur Krone (Hauptstraße 39, 48712 Gescher) ist Partner der agri-cultura-Routen, die vor allem im Westmünsterland besonders schöne Wege auszeichnen, die Kultur und Landschaft miteinander verbinden (www.zur-krone-gescher.de).

DAS ZIEL IST DER WEG

≥ ... Rundkurs auf dem Töddenland-Radweg ≤

#42

Ein Weg mit Vergangenheit. Auf ehemaligen Händlerrouten verläuft der 122 Kilometer lange Töddenland-Radweg entlang der Hügel des Tecklenburger Landes, durch Buchen- und Mischwälder, an Seen, Wasserläufen, weiten Feldern und Wiesen vorbei. Eine runde Sache!

#Nordmünsterland #abwechslungsreich #Töddentour #Emsland

Im Radlerparadies Münsterland heißt ein Fahrrad auch »Leeze«.

→ MINIURLAUB

Der Name ist Programm. Die reisenden Händler, die seit dem 17. Jahrhundert vom Tecklenburger Land und Emsland aus loszogen, um Waren zu verkaufen, wurden »Tödden« genannt. Sie verkauften Leinen, später auch Kurz- und Eisenwaren in ganz Nordeuropa.

Der Töddenland-Radweg verbindet nun die Orte miteinander, von denen aus die Handelsreisenden seinerzeit ihre Geschäfte starteten und in denen es noch heute Gebäude, Orte (Armenpfahl in Mettingen) und Wirtschaftsunternehmen (z. B. C&A) gibt, die an diese früheren Kaufleute erinnern.

Wählt man sich als Startpunkt einer Tour Ibbenbüren, ist man gleich mittendrin in der vielfältigen Landschaft. Da sind die Hänge des Tecklenburger Waldes mit der beeindruckenden Felsformation Hockendes Weib inmitten der Dörenther Klippen (Eskapade #24), außerdem der Aasee bei Ibbenbüren und schließlich der Ortsteil Uffeln. Hier liegt auch das Ringhotel Mutter Bahr, von dem aus man den Rundweg in beide Richtungen starten kann. Das Hotel bietet sich gut als Etappenunterkunft an.

In unmittelbarer Nähe befindet sich das Naturschutzgebiet Heiliges Meer, das durchaus einen längeren Aufenthalt wert ist. Auf einem Premiumwanderweg kann man das Fahrrad auch getrost für einen Tag stehen lassen und sich zu Fuß aufmachen, um auf der Teutoschleife Heiliges Meer (Eskapade #38), einer von insgesamt acht Teutoschleifen, ganz in Ruhe die Heide-, Wald- und Seenlandschaft zu erkunden. Weiter im Norden wartet dann das Recker Moor darauf, erradelt zu werden, und in jedem Ort werden eigene Tödden-Geschichten erzählt.

Das Schöne am gut ausgeschilderten Töddenland-Radweg ist: Er hält Etappen bereit, die auch für Menschen geeignet sind, die kein E-Bike besitzen. Auf der Internetseite zum Weg (www.toeddenland-radweg.de) finden sich Streckenabschnittsvorschläge zwischen 4,4 und 12,1 Kilometern. Man kann den Radweg auch erlaufen, wenn man möchte. Die Wege sind meist breit und asphaltiert, sodass sich Fußgänger und Radler nicht in die Quere kommen.

An der Strecke liegen neben Ibbenbüren, der größten Stadt in dieser westfälischen Region, die Orte Hopsten, Recke und Mettingen im Tecklenburger Land sowie Schapen, Beesten, Messingen, Thuine und Freren im südlichen Emsland. Alle haben ihre ganz eigene (Tödden-)Geschichte, die vor Ort oder auch online erklärt wird.

Der Töddenland-Radweg orientiert sich an alten Händlerrouten und hat insgesamt eine Länge von rund 120 Kilometern. Auch das Heilige Meer liegt am Wegesrand.

> **FAZIT: EINE RUNDTOUR, DIE SICH DEN INDIVIDUELLEN BEDÜRFNISSEN UND DER EIGENEN KONDITION ANPASSEN LÄSST.**

Hin & weg: Mit dem Auto zum Startpunkt Ringhotel Mutter Bahr, Nordbahnstraße 39, 49479 Ibbenbüren.

Dauer & Strecke: Für den Abschnitt von Ibbenbüren bis Uffeln 1 Std., die Strecke ist rund 9 km lang. Für die ganze Runde etwa 1 Woche, die Strecke ist 122 km lang.

Beste Zeit: Frühling und Herbst.

Ausrüstung: Ein Fahrrad, ein Smartphone, um die Infos abzurufen, und ein Regencape.

Wenn es Nacht wird: An der Strecke liegen viele Unterkünfte. Das Ringhotel Mutter Bahr befindet sich direkt am Weg in Ibbenbüren-Uffeln und bekennt sich ausdrücklich zum Töddenland. Im Angebot sind extra Töddenland-Wochenenden (www.mutterbahr.de).

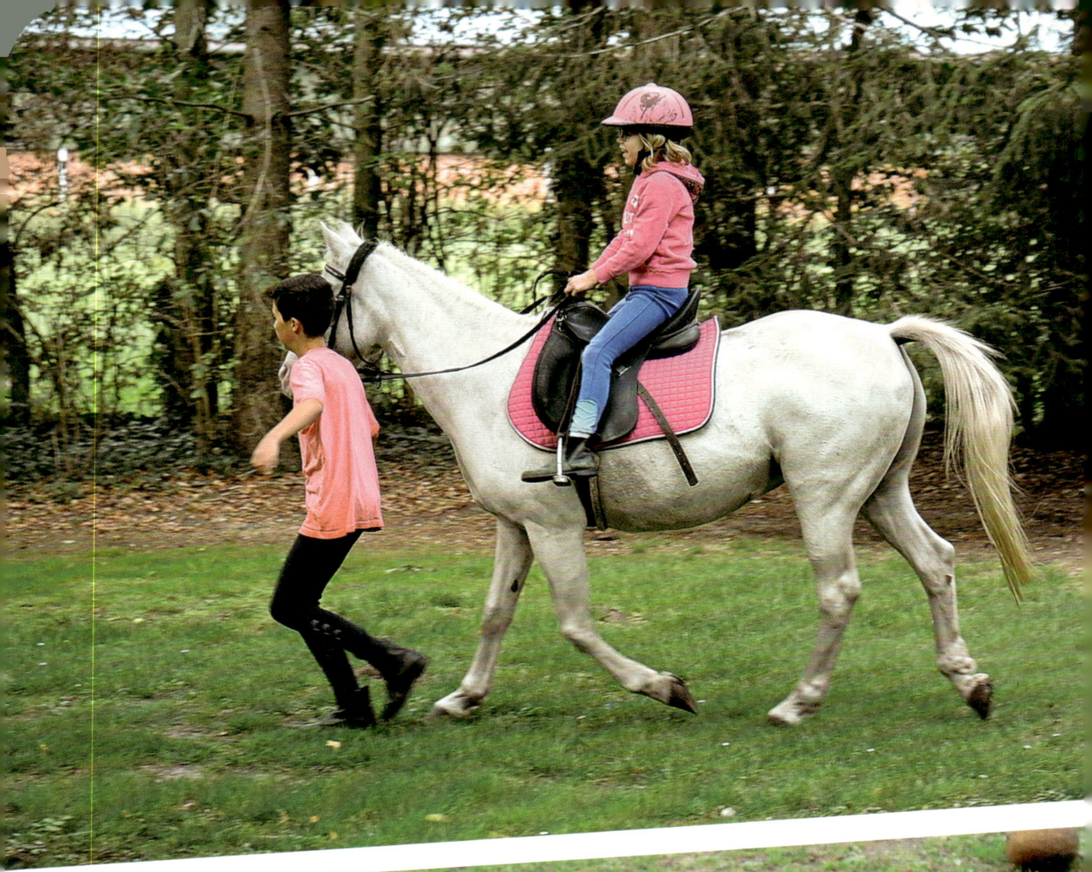

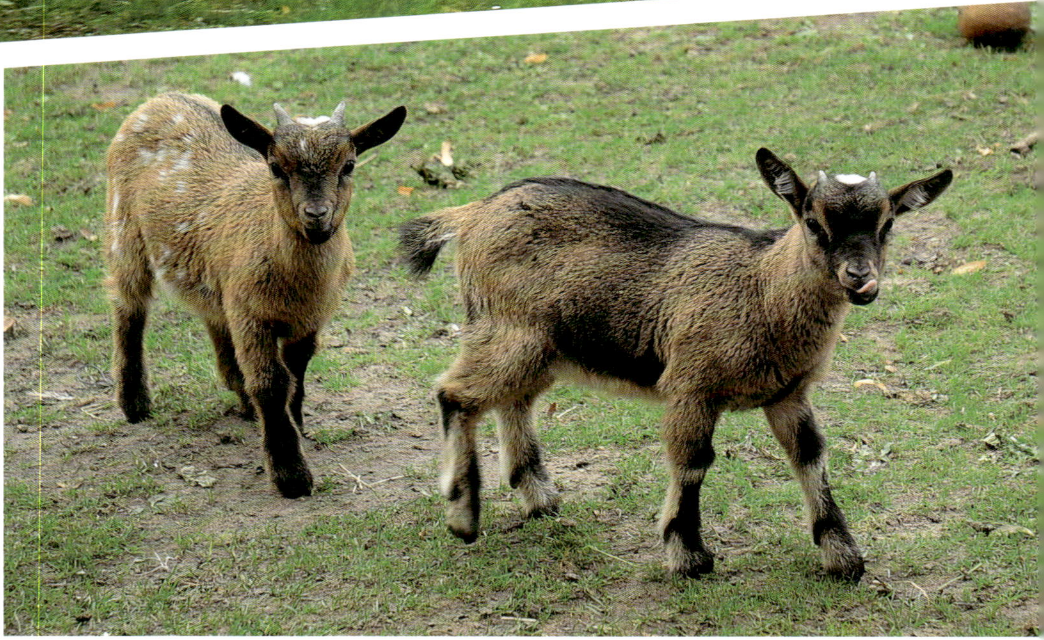

→ MINIURLAUB ...

ALS WÄRE MAN IN BULLERBÜ

≥ ... Ferienhof in Ahaus mit Ponys und Kaninchen ≤

#43

Die Sehnsucht nach Ruhe treibt die Menschen um. Statt Rambazamba und Party wollen viele im Urlaub einfach nur raus aufs Land, in die Natur, entschleunigen. Ferienhöfe werden deshalb auch im Münsterland immer beliebter.

#Pferdeglück #Kaninchenstreicheln #entspannen #Strohtoben

Die Ferienkinder geben den hofeigenen Kaninchen Namen. Streicheln ist hier ausdrücklich erlaubt.

Die drei alten Hofgebäude, in denen die Gäste untergebracht sind, stehen wie eine kleine Siedlung beieinander. Bullerbü lässt grüßen. Alt bedeutet hier, dass die Häuser teilweise denkmalgeschützt sind, denn der Ferienhof Eilers stammt aus dem Jahre 1772. Sechs Ferienwohnungen mit insgesamt 30 Betten gibt es hier – und ganz viel Platz.

Die weitläufige, parkähnliche Hofanlage liegt mitten in der Natur, ganz in der Nähe zu Holland und Ahaus. Ausdrücklich erlaubt ist den Gästen, all das zu tun, was dort möglich ist. Ob das ein Balanceakt auf der Slackline, Hüpfen auf einem der Trampoline, das Streicheln der Kaninchen, Kettcarfahren, das Füttern der Ziegen oder das Springen von Heuballen zu Heuballen ist: Langeweile ist ausgeschlossen! Auch wenn der Ferienhof kein ausgewiesener Reiterhof ist: Hier dürfen die Ferienkids Ponys und Pferden ganz nah sein. Streicheln ist erlaubt! Auch werden sie über den Hof geführt, eine Reitlehrerin kümmert sich um Jungen und Mädchen, die es selbst probieren möchten. Nadine Eilers ist es wichtig, dass die Kinder spielerisch an die Pferde herangeführt werden. Es soll einfach allen Spaß machen.

Bei schlechtem Wetter kann eine Spielscheune genutzt werden, bei gutem Wetter lädt die Umgebung zu vielen Ausflügen ein. Der Markt in Enschede, der Zoo in Münster, das Schloss von Ahaus – die Auswahl ist riesig. Doch vor allem, wenn Familien zu Gast sind, erleben die Hofbetreiber Nadine und Klaus Eilers, selbst Eltern von zwei Jungen und einem Mädchen, immer dasselbe: »Die Kinder wollen gar nicht hier weg.«

Gäste wohnen in alten, liebevoll eingerichteten Fachwerkhäusern, die zum Teil denkmalgeschützt sind.

FAZIT: EIN PARADIES FÜR ALLE, DIE DAS LANDLEBEN, TIERE UND EINE ENTSPANNTE UMGEBUNG LIEBEN.

Hin & weg: Mit dem Auto zum Ferienhof Eilers, Barle 7, 48683 Ahaus-Wüllen.

Dauer: 2 Tage–2 Wochen.

Beste Zeit: Im Sommer, aber auch im Winter kommen Gäste und wärmen sich am Herdfeuer.

Ausrüstung: Es gibt zwar einen Brötchenservice, ansonsten sind die Gäste aber Selbstversorger.

Wenn es Nacht wird: Der Ferienhof Eilers bietet nicht nur Familien das perfekte Landpaket. Auch Behindertengruppen (die Wohnungen sind barrierefrei), Senioren, kirchliche Gruppen oder Freundeskreise sind oft zu Gast und genießen das Hofambiente mit Tieranschluss (www.ferienhof-eilers.de).

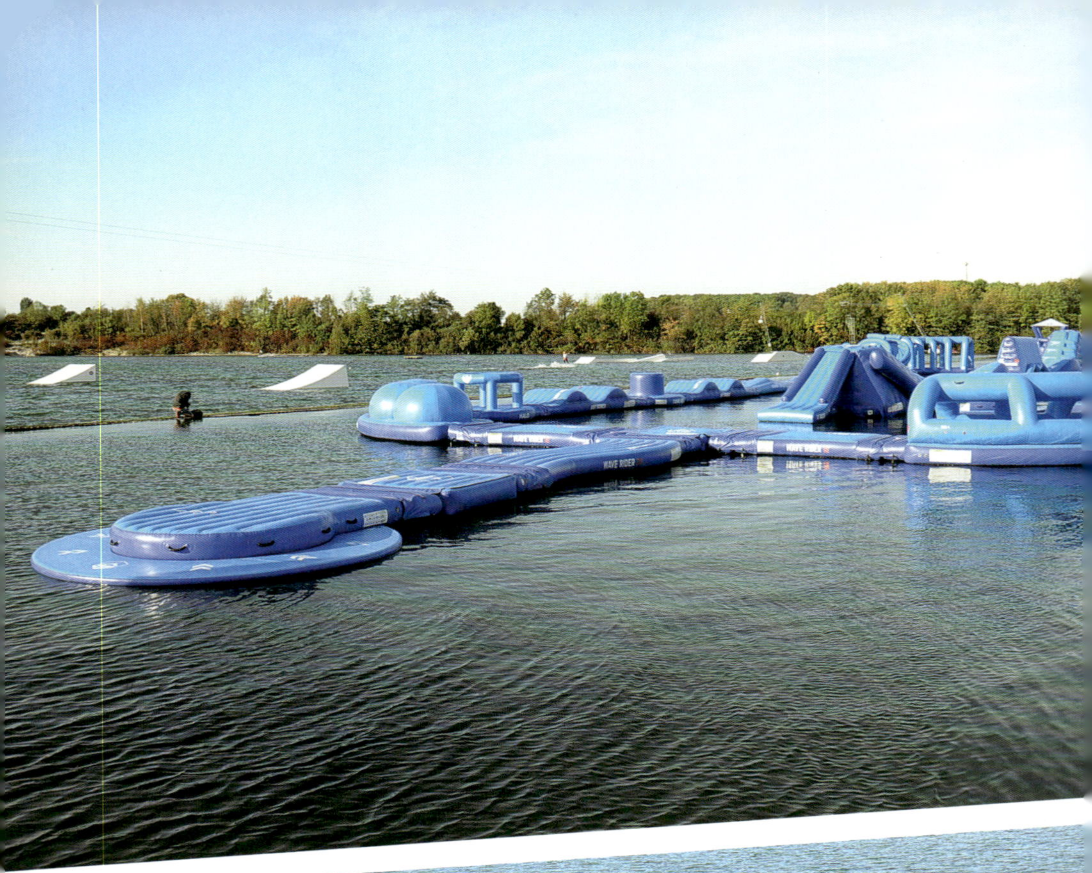

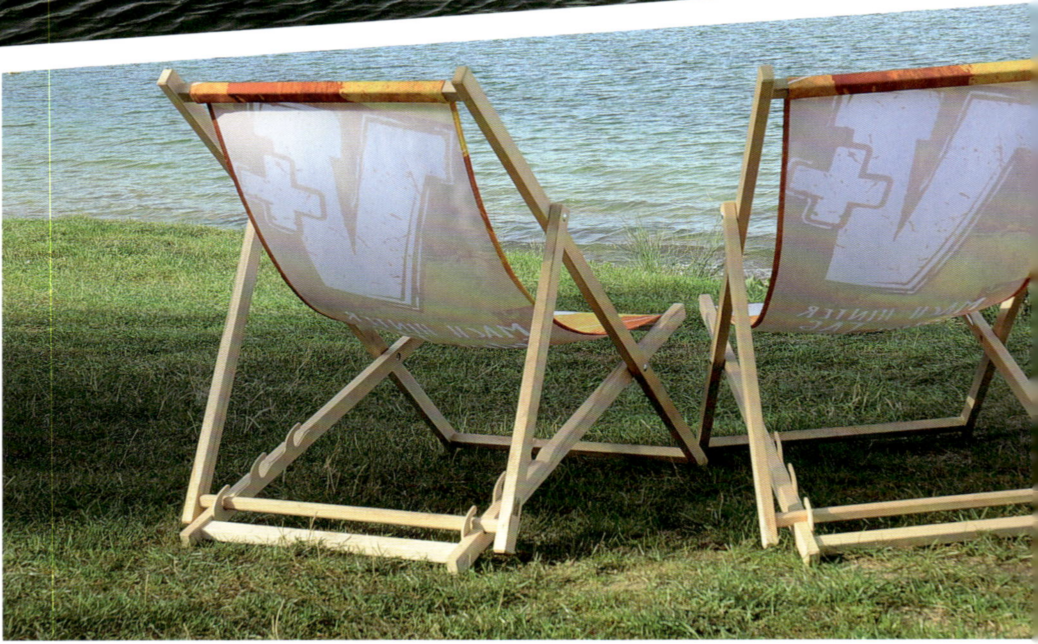

→ MINIURLAUB ...

WELCOME ON BOARD!

≍ ... im Freizeitparadies Beckum ≍

#44

Grau war gestern. Beckum und die umliegenden Orte waren noch vor wenigen Jahren vor allem für ihre großen Zementwerke bekannt. Inzwischen locken Freizeitseen wie der Tuttenbrocksee, der Aktivpark Phoenix und das viele Grün in und um die Stadt jedes Wochenende Tausende Besucher in die Industrieregion.

#Industriecharme #Beachfeeling #abinsWasser #ExSteinbruch

Wakeboardanfänger sind auf dem Tuttenbrocksee willkommen. Aber auch Profis treffen sich zu internationalen Wettkämpfen an der Anlage in Beckum.

Wie große Fremdkörper ragen sie in den Himmel. Wenn man auf Beckum oder Ennigerloh zufährt, erblickt man schon von Weitem die riesigen Zementwerke, die so ganz und gar nicht in die brave Münsterländer Feld-und-Wiesen-Skyline passen. Doch was so grau und groß ist, ist zugleich auch faszinierend – und kann eine Chance sein.

Der Aktivpark Phoenix ist ein positives Beispiel dafür, was aus Industrie werden kann: Hier hat die Stadt Beckum aus einem ehemaligen Steinbruch einen Park geschaffen, der so vieles bietet, dass ein einziger Tag kaum reicht, um alles zu erkunden. Hier sitzen am Morgen Angler an lauschigen Plätzchen am Phoenixsee, hier können Discgolfer ihre Körbe werfen, Kletterer sich an einer Kletterwand ausprobieren. Hier gibt es Minigolf, Beachvolleyball und Badmintonfelder, eine Skateboardanlage, Basketballkörbe und eine Seilbahn für Kids, Jogging- und Spazierpfade en masse – und all das mit Blick auf Zementfabriken, Bäume, Wasser und Rasen.

Hin & weg: Mit Bus S30 von Münster Hauptbahnhof nach Beckum Busbahnhof. Mit dem Auto über die A2, Beckum liegt nahe an der Autobahn.

Dauer: 1-3 Tage.

Beste Zeit: Sommer, Sonne, Beachwetter.

Ausrüstung: Neoprenanzüge und Wakeboards oder Wasserski kann man sich vor Ort ausleihen.

Wenn es Nacht wird: Die Betreiber der Wakeboardanlage bieten auch Zimmer an (www.twincable-beckum.de). Sie sind einfach, bestechen aber durch die unmittelbare Nähe zum See.

Wakeboards werden zur Bank. In Beckum dreht sich alles um die Bretter, die die Welt bedeuten.

Nur wenige Kilometer entfernt, mitten im Industriegebiet Grüner Weg, liegt eine weitere Welt, die man hier nie erwarten würde. Vom Parkplatz aus gelangt man über ein paar Stufen hinab zum Tuttenbrocksee. Erst hört man noch die Autos der nahen Autobahn, doch das Geräusch verschwindet angesichts dessen, was man hier sieht: Eine Wasserski- und Wakeboardanlage, die jede Menge Surferboys und -girls an den Beach lockt. Neoprenanzüge, wohin man schaut, Wakeboards überall. Mal als Schild, mal als Bank umfunktioniert. Aber meistens in Aktion, auf dem Wasser, unter den Arm geklemmt, an die Wand gelehnt.

Eine riesige Aqualandschaft, wie man sie von großen Urlaubsorten am Meer kennt, schwimmt ebenfalls auf dem Wasser – bereit, den Besuchern jede Menge Spaß und Action zu garantieren.

Wer seinen Urlaub nicht nur für einen Tag hier verbringen möchte, kann übrigens einchecken. Es gibt Zimmer direkt am See beim Betreiber der Wakeboardanlage.

Wenn jemandem das Wasser einfach zu nass ist, kann er sich mit dem Fahrrad auf die Zementroute begeben, die insgesamt 27 Kilometer lang ist. Hier kann man sich zwischen Industriearchitektur, Feldwegen und vorbei an einigen Seen den Beckumer Wind um die Nase wehen lassen. Keine Sorge, es riecht nicht nach Industriestaub.

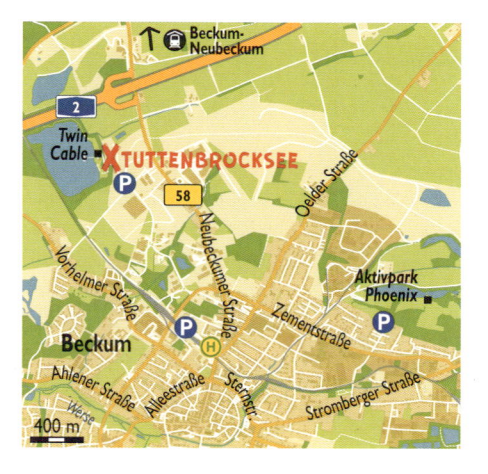

FAZIT: EINE STADT DER GEGENSÄTZE, DIE SICH ZUM ECHTEN FREIZEITPARADIES FÜR WASSERSPORTLER ENTWICKELT HAT.

DER DUFT DER SAUEN

≽ ... Ferien auf dem Bauernhof in Ennigerloh ≼

#45

66 Prozent der Flächen im Münsterland werden landwirtschaftlich genutzt. Die zahlreichen gepflegten Feldwege inmitten von Getreidefeldern und Wiesen sind die schöne Folge dieser bäuerlichen Prägung. Doch statt immer nur an den Höfen vorbeizuradeln, kann man dort auch prima seinen Urlaub verbringen.

#Landurlaub #Hofambiente #Bauerngarten #tierisch

→ MINIURLAUB

Was hat vier Beine und macht Ferienkinder glücklich? Das geduldige Reitpony auf dem Hof Bettmann.

Das Hinweisschild zum Ferienhof Bettmann steht noch in Sichtweite eines Zementwerkes. Doch folgt man dem Weg und erreicht nach wenigen Hundert Metern die Einfahrt, ist man sofort in einer anderen, bäuerlichen, ruhigen Welt.

Der Hof ist uralt. Seit 1390 wird er von Benedikt Bettmanns Vorfahren betrieben. Seit 1972 kommen auch Gäste. Die Mutter brachte die Idee, auf dem landwirtschaftlichen Betrieb Zimmer für Urlauber einzurichten, aus dem Sauerland mit. Seitdem kommen die Menschen zu ihnen aufs Land. Einige von ihnen schon im 40. Jahr.

Der riesige Garten der Bettmanns allein wäre schon ein Grund, einen Tag dort zu verbringen. Kaum hat man eine der lauschigen Sitzecken entdeckt, offenbart sich schon wieder ein neuer Hingucker. Alte Stühle, Blumenarrangements, ein rostiges Fahrrad, lässig an einen Baum gelehnt, und ein klassischer Bauerngarten mit Gemüse und einem Rosenstrauch. Ein paar Meter weiter warten ein Klettertraktor und Schaukeln auf die jüngeren Gäste, Ziegen und Hühner schauen den Kids beim Spielen zu. Am Abend werden sie von den Jungen und Mädchen gefüttert. Die selbst gesuchten Eier isst man dann zum Frühstück.

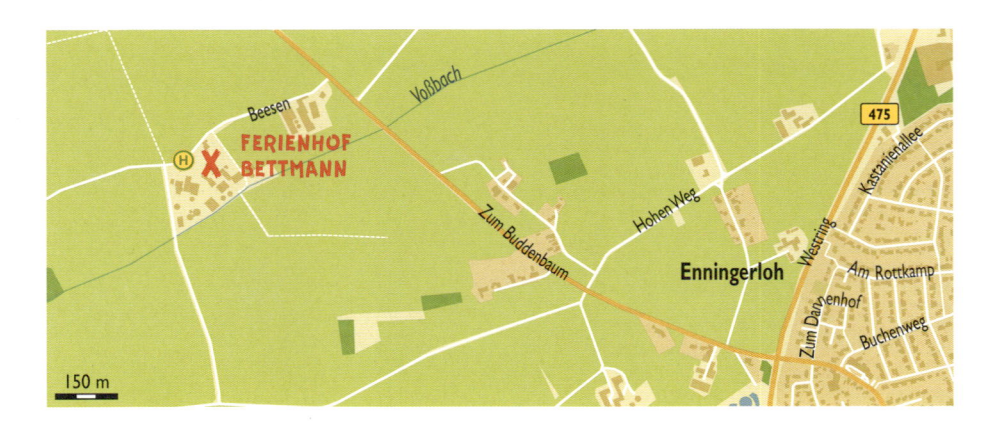

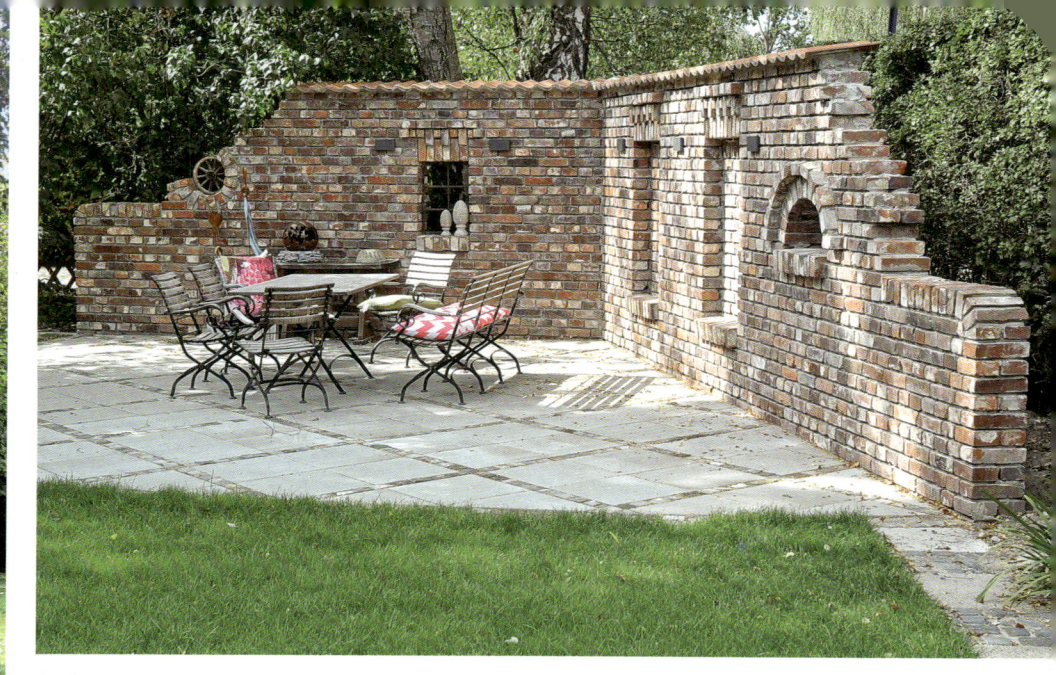

Gepflegte Blumenarrangements, außergewöhnliche Deko, lauschige Sitzecken, traditionelle Gemüsebeete, Klettergeräte und weite Rasenfläche: Mehr Garten geht nicht.

Natürlich gibt es Kaninchen zum Streicheln, und die hofeigenen Ponys dürfen auch geritten werden. Doch als Streichelzoo versteht Benedikt Bettmann seinen Hof nicht. Hier lernt man einen normalen landwirtschaftlichen Bullen- und Schweinemastbetrieb kennen.

Hin & weg: Mit dem Auto aus Münster zum Ferienhof Bettmann, Beesen 4, 59320 Ennigerloh.

Dauer: Außerhalb der Ferien 1–2 Tage, in den Ferien mind. 4 Nächte.

Beste Zeit: Ganzjährig. Wer den Garten genießen will, sollte aber im Sommer kommen.

Ausrüstung: Kleidung, die auch mal dreckig werden darf. Für die Verpflegung ist gesorgt. Abends prasselt ein Kaminfeuer in der altdeutschen Diele.

Wenn es Nacht wird: Der Ferienhof Bettmann, Beesen 4, 59320 Ennigerloh, liegt im Südosten des Münsterlandes (www.ferienhof-bettmann.de).

Wer möchte, darf gern beim Füttern der in einer Außenanlage untergebrachten Bullen mithelfen. Auch eine Mitfahrt auf dem Hoftraktor ist mal drin. Die Schweine allerdings stehen im Hightechstall. Sie müssen dort ihre Ruhe haben.

Wenn der Wind ungünstig steht, kann es also durchaus einmal ein bisschen schweinisch riechen. Beschweren sich die Gäste darüber? Benedikt Bettmann lacht: »Die machen hier Urlaub auf dem Bauernhof.« Ja, so isses, und da darf es auch mal entsprechend riechen. Außerdem soll Landluft gesund sein.

FAZIT: DIE VOLLE DOSIS ECHTES LANDLEBEN FÜR DIE GANZE FAMILIE.

WASSER-PARADIES

≥ ... Ferien in Haltern am See ≤

#46

Ruhe oder Rummel, See oder sandiger Heideboden, mit dem Rad, in Badehose, paddelnd, segelnd, kletternd oder zu Fuß: Haltern am See, die sogenannte Lunge des Ruhrgebietes, ist ein echter Tausendsassa. Mitten im Naturpark Hohe Mark verbreitet die Stadt mit Römervergangenheit jede Menge Ferienflair.

#StadtLandSeen #maritim #SegeloderTretboot #WestruperHeide

→ MINIURLAUB ...

Die Stegdichte ist in Haltern am See sehr hoch. Die Stadt hat einfach nah am Wasser gebaut.

Wer zu den Urlaubern gehört, die gerne Listen anfertigen, um am Ferienort bloß keine wichtige Attraktion zu verpassen, wird ein langes Stück Papier benötigen, um all das aufzuschreiben, was man in Haltern am See unternehmen kann. Neben dem bekannten LWL-Römermuseum, das viele Geschichtsfreunde kennen, ist es vor allem die Landschaft mit all ihren Möglichkeiten, die die Stadt nahe der Grenze zum Ruhrgebiet so anziehend für Urlauber macht.

Zuerst ist da natürlich das Wasser. Flüsse, Kanäle, Bäche – und vor allem die Seen. Für Strandfreunde empfiehlt sich ein Besuch des Silbersees II. Wer sein Handtuch auf feinem Quarzsand ausbreitet, vergisst schnell, dass er sich im Münsterland befindet. Bei gutem Wetter wähnt man sich eher am Mittelmeer – inklusive dem üblichen Beachrummel.

Wer lieber auf dem Wasser aktiv ist, kann aus vielen Angeboten der Bootsverleihe rund um

Viele Fahrradwege führen am Halterner Stausee vorbei, passieren Strände oder führen zu historischen Gebäuden.

den großen Halterner Stausee auswählen, je nachdem, ob ihm eher nach Tretbootfahren oder Paddeln ist. Auch Ausflugsschiffe passieren ab und zu das Wasser. Außerdem gibt es noch ein Strandbad, das zum Baden einlädt.

Wer gerne läuft und dabei die Natur anschaut, wird bei einer Wanderung rund um den Hullerner See begeistert sein. Segelboote anschauen kann man perfekt von den Strandbars (Zur Kajüte, Stadtmühle) am Nordufer

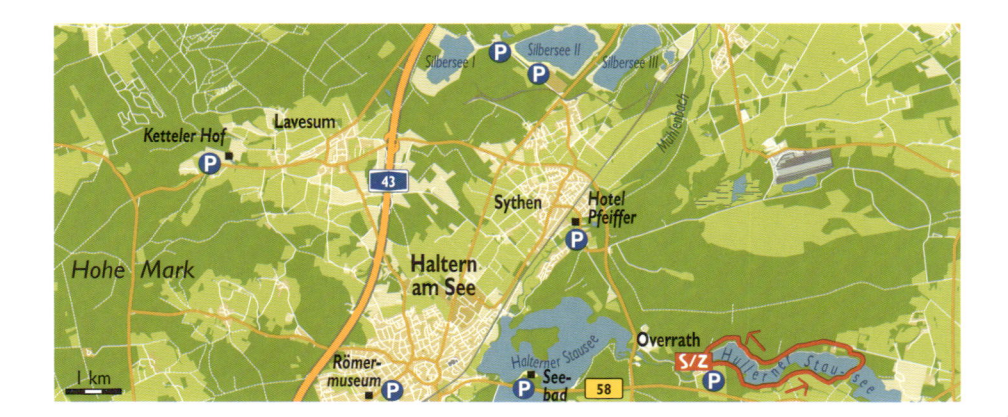

Wo viele Boote liegen, sind die Beachbars nicht weit. Das ist auch in Haltern am See so.

aus. Dort befindet sich auch ein Spielplatz für alle Generationen. Wer dort klettert, wippt und hüpft, wird mit Wasserfontänen belohnt.

Für Naturliebhaber ein wirkliches Muss ist die Westruper Heide (Eskapade #34) mit ihren leuchtenden Blüten auf sandigem Grund. Besonders zur Blütezeit der Heide im August ist das ein herrliches Erlebnis. Wer wandern oder Rad fahren möchte, findet im Naturpark Hohe Mark zahlreiche schöne Wanderwege und auch Radrouten.

Wer dann immer noch nicht genug erlebt hat, kann einen Tag im Ketteler Hof einplanen. Das ist ein sehr naturnaher Freizeitpark ohne Hightechachterbahnen und Kirmesrummel inmitten von Wäldern und Wiesen, der zum Klettern, Hüpfen und Hangeln einlädt.

FAZIT: EINE SCHÖNE STADT MIT VIEL WASSER, VERSCHLUNGENEN WEGEN, HERRLICHEN WÄLDERN UND DER EINZIGARTIGEN WESTRUPER HEIDE.

Hin & weg: Mit der Bahn alle 30 Min. ab Münster bis Bahnhof Haltern am See. Mit dem Auto über die A43.

Dauer & Strecke: Mind. 2 Tage. Die Wanderstrecke ist 8,1 km lang.

Beste Zeit: Für Wasserratten im Sommer, für Wanderfreunde im ruhigeren Herbst.

Ausrüstung: Wanderschuhe, Fahrräder, Badesachen.

Wenn es Nacht wird: Gegenüber der alten Sythener Wassermühle und dem Sythener Schloss liegt Pfeiffers Sythener Flora. Die ruhige Waldlage direkt am Radweg macht den Reiz des Hotels aus (www.hotel-pfeiffer.de).

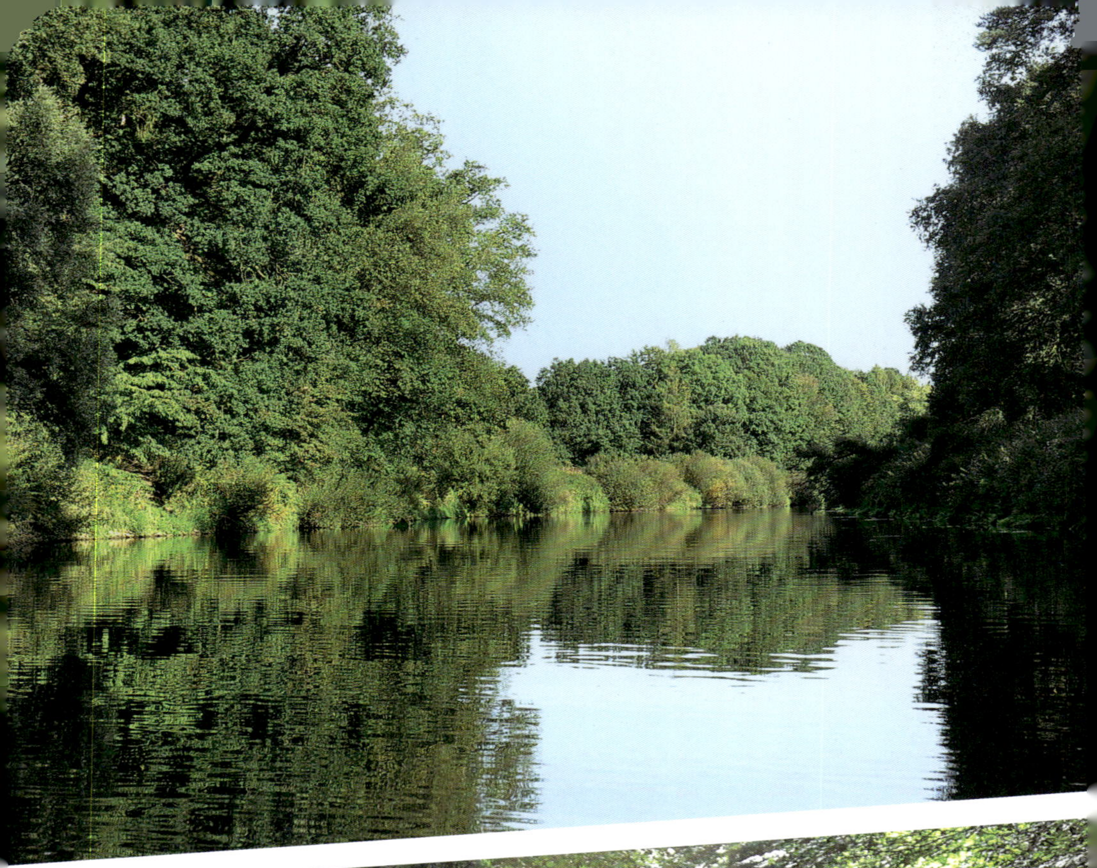
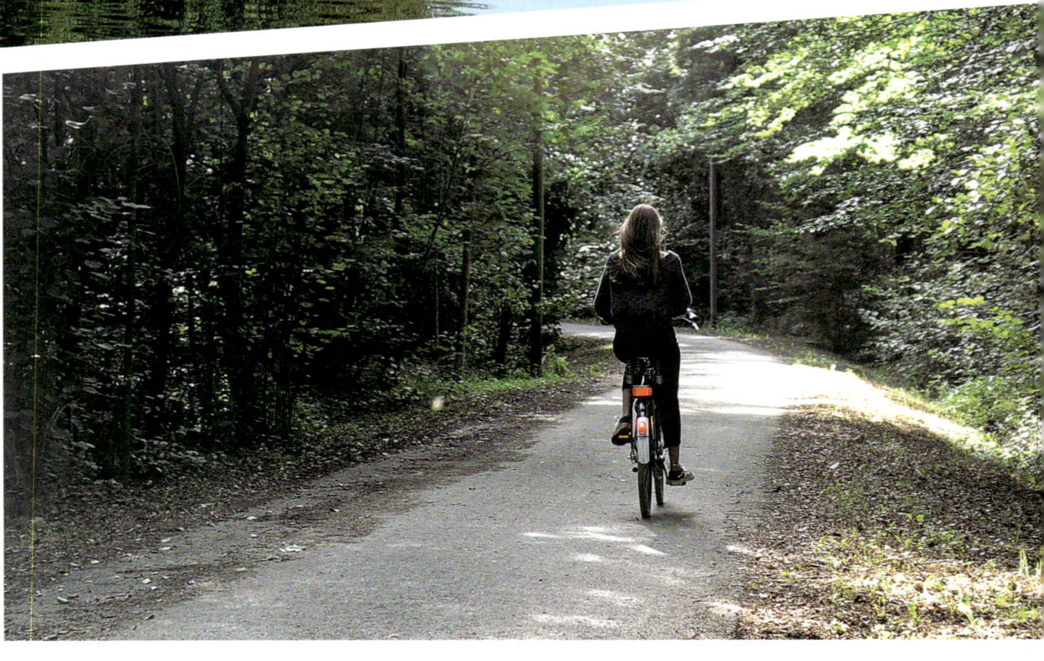

→ MINIURLAUB...

GANZ SCHÖN EMSIG

≳ ... in der Flussstadt Rheine ≲

#47

Rheine ist idealer Ausgangspunkt für eine mehrtägige Tour über den Emsradweg. Doch man kann mit der Abfahrt gerne ein bisschen warten. Denn ohne große Strecke machen zu müssen, ist man in und um Rheine herum immer inmitten schönster Natur.

#Emsradweg #BockholterFähre #KlosterBentlage

Rheine ist eine lebendige Stadt, die mit ihrer Nähe zur Ems als Naherholungsgebiet punktet.

Von dort ist es auch nicht weit zu den anderen Highlights der Stadt im Norden des Münsterlandes: Zum Salinenpark, der für gutes Durchatmen sorgt (Eskapade #25), und dem Naturzoo Rheine. Hier wurde besonders viel Wert auf Gehege gelegt, die sich ganz selbstverständlich in die Natur einfügen. In einem großen Affengehege kann man den Tieren sogar ohne Gitter gegenüberstehen. Die Storchenkolonie, die hier lebt, sich aber frei bewegen kann, ist wahrscheinlich die größte in der Region.

Nicht weit von Rheine entfernt liegt das Dorf Elte. Hier gibt es eine ganz besondere Attraktion. An der wiedereröffneten Gaststätte Bockholter Emsfähre liegt tatsächlich eine kleine Fahrrad- und Fußgängerfähre vor Anker, die am Wochenende Ausflügler von einem Ufer zum anderen schippert. Und das ganz ohne Motor. Mit reiner Muskelkraft bringt Fährmann Markus die Gäste über das Wasser. Er nutzt dazu einen Haken, mit dem er sich an einem Stahlseil entlanghangelt. Er weiß viel zu erzäh-

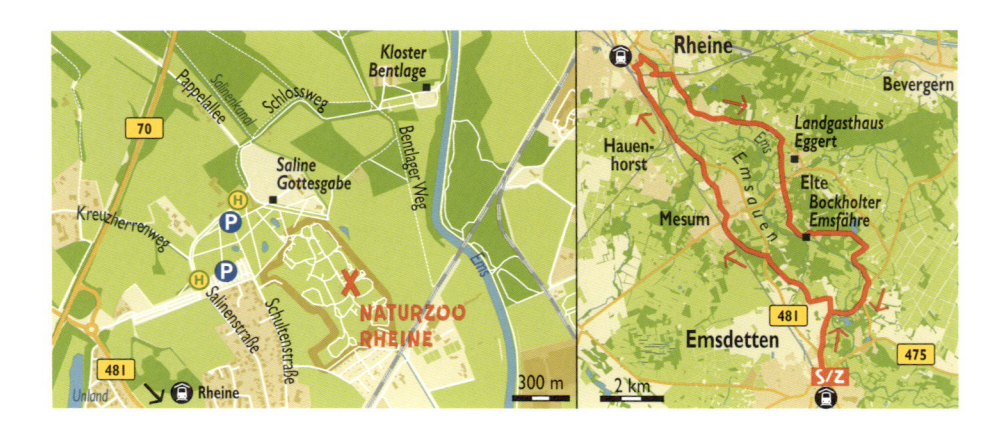

Die Ems fließt mitten durch die Stadt. Es ist also kein Problem, erst die lebendige Fußgängerzone zu erkunden und dann eine Pause am Wasser einzulegen. Über schön angelegte Fußwege kommt man von der Innenstadt zum Kloster Bentlage, das idyllisch im Wald liegt.

Morbider Charme hat auch seinen Reiz. Hin und wieder stehen verfallene Scheunen am Wegesrand.

len, gibt den Urlaubern wichtige Tipps, singt manchmal und verschafft den Emsauen-Radweg-Radlern eine Abkürzung von sieben Kilometern. Allerdings nur, wenn sie nicht nach Rheine fahren, sondern von Rheine kommen.

Doch auch wenn man selbst gar nicht übersetzen möchte, ist das Hin und Her einfach

Hin & weg: Mit der Westfalenbahn bis Bahnhof Rheine.

Dauer & Strecke: 1–3 Tage. Die eingezeichnete Strecke ist 16,5 km lang.

Beste Zeit: Im Sommer und Herbst, wenn Radfahrsaison ist.

Ausrüstung: Ein gut geöltes Fahrrad.

Wenn es Nacht wird: Landgasthaus Eggert, nahe der Elter Wanderdünen und bei den Emsauen (www.hotel-eggert.de). Auch im Kloster Bentlage gibt es Zimmer (Buchung unter info@kloster-bentlage.de).

herrlich anzusehen, während man oben im Biergarten des Gasthauses sitzt. Gleich neben der Fähranlegestelle befindet sich eine Anlegestelle für Kanuten. Manchmal kommt auch ein Partyhausboot aus Rheine vorbei und lässt die Gäste an Land.

Fähranleger und Gasthof liegen direkt am Emsauen-Radweg. Nicht auf allen Etappen kommen die Radler dem Wasser wirklich so nah wie hier. Man sollte also unbedingt einen Fotozwischenstopp einlegen, egal, wie weit die Etappe noch ist, die man sich vorgenommen hat.

FAZIT: RHEINE IST IDEALER AUSGANGSPUNKT FÜR DEN EMSRADWEG, ABER AUCH GEEIGNET FÜR EIN PAAR TAGE URLAUB AM FLUSS.

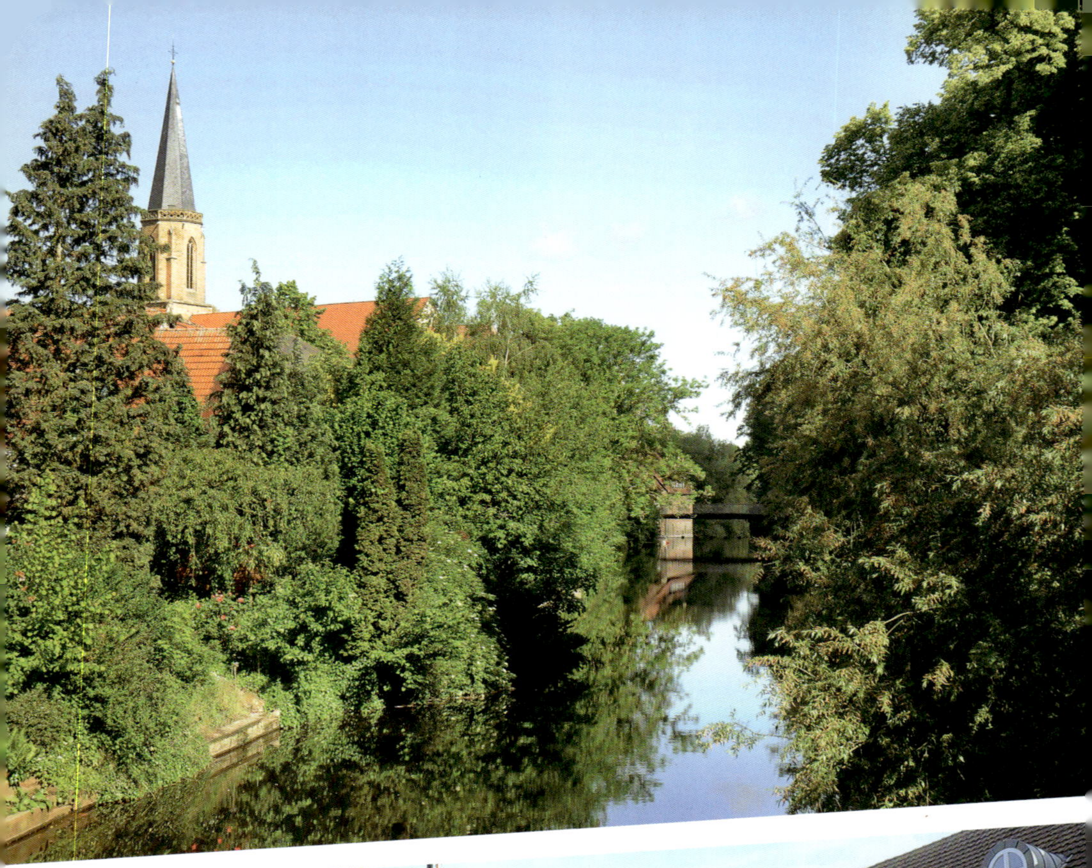

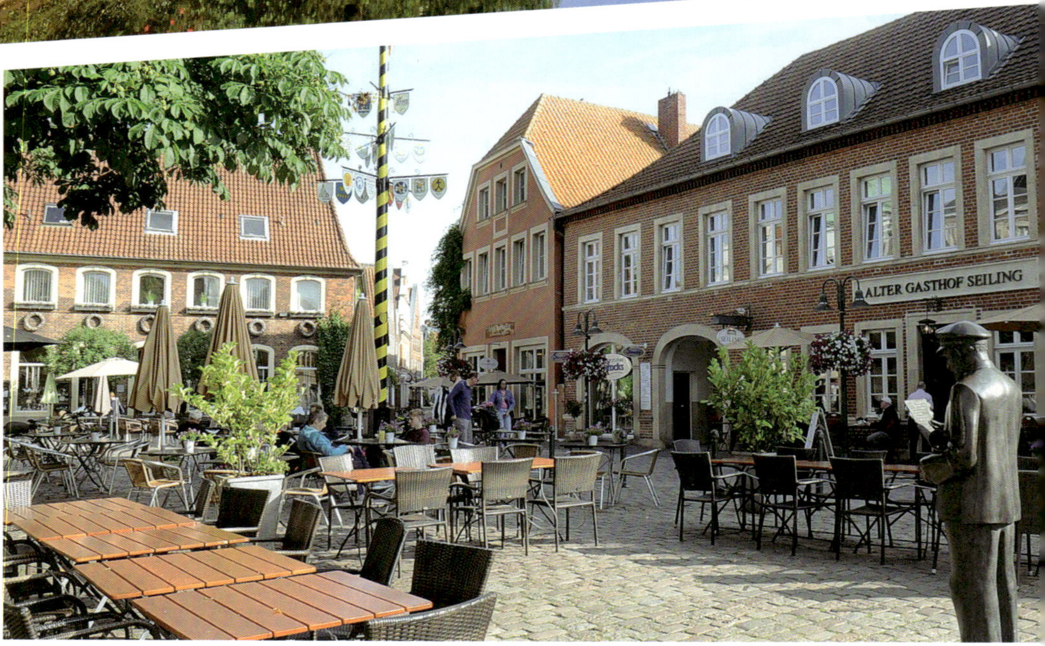
ALTER GASTHOF SEILING

→ MINIURLAUB

ALTSTADT MIT FLAIR

⇾ ... Natur genießen in der Pilgerstadt Telgte ⇽

#48

Die kleine, feine Schwester von Münster ist zwar schon 1200 Jahre alt, dabei aber äußerst quirlig. Gemütlich geht es auf dem Markplatz mit all seinen Restaurants zu, aktiv ist man, wenn man mitten durch die Emsauen radelt oder durch die Heidelandschaft der Klatenberge wandert.

#Wallfahrtsort #Radlerparadies #Krippenausstellung

Die Aue von nebenan. In unmittelbarer Nähe zur Altstadt beginnt die Auenlandschaft der Ems. Hier trifft man Radler, Spaziergänger und Jogger.

Telgte ist mit seinen rund 20 000 Einwohnern nicht sonderlich groß, aber die Kleinstadt ist durchaus bekannt. Günter Grass nannte eines seiner Werke »Treffen in Telgte«, jährlich strömen 100 000 Pilger zur Wallfahrtskapelle mit der 600 Jahre alten Pietà, und die Krippenausstellung des Museums RELIGIO lockt jeden Winter Scharen von Besuchern an.

Doch die meisten Tagesausflügler und Urlauber kommen vor allem wegen der gemütlichen Altstadt und der wunderschönen Natur, in die sich die Stadt an der Ems so harmonisch einfügt. Radeln, ins Schwimmbad gehen, wandern oder Kaffee trinken und am Abend in einem Restaurant essen gehen? Das ist hier die Frage. Wer zwei bis drei Tage Zeit hat, muss sie zum Glück nicht beantworten, sondern macht einfach alles.

Für einen ersten Spaziergang bietet sich ein Altstadtbummel an, bei dem man die Wallfahrtskapelle, das alte Heimathaus und die große Kirche St. Clemens besuchen sollte. Nach der Fußgängerbrücke am Bernsmeyerhaus kann man sich rechts halten und so schließlich zum Rathaus gelangen. Hinter dem Rathaus beginnen die Emsauen, durch die es sich stadtnah ganz herrlich schlendern lässt.

In den nördlich gelegenen Klatenbergen sind vor allem Jogger unterwegs. Die Wege sind verschlungen und abwechslungsreich, man kann sich sogar verlaufen! Das Waldschwimmbad Klatenberg bildet den Einstieg für viele Klatenbergwanderungen. Dort kann man an einem heißen Sommertag auch hervorragend abtauchen, die Liegewiese befindet sich unter großen Bäumen.

Das Ziel Tausender Pilger ist die Gnadenkapelle, in der das Bildnis der schmerzhaften Mutter Gottes zu finden ist.

Mit dem Fahrrad sind die Möglichkeiten schier unüberschaubar. Am naheliegendsten, weil direkt in der Nähe und wirklich traumhaft, sind Ausflüge nach Haus Langen in Westbevern, nach Münster oder eine Tour über den Emsauenweg nach Warendorf. Nach absolvierter Radtour schmeckt das Bier oder die Apfelschorle in einem der Altstadtrestaurants dann sicher doppelt gut.

Im Sommer stellen die Restaurantbetreiber draußen Tische und Stühle auf das Kopfsteinpflaster. Die Stimmung mutet dann mediterran an. Auch die Sitzmöglichkeiten rund um die Eisdielen der Stadt laden Einheimische und Gäste zu einem gemütlichen Abend bei lauen Temperaturen ein.

FAZIT: WER DIE NATUR GENIEßEN MÖCHTE, ABER ABENDS AUCH EIN BISSCHEN STADTLEBEN MAG, IST IN TELGTE GENAU RICHTIG.

Hin & weg: Mit der Bahn bis Bahnhof Telgte. Telgte ist von Münster oder Warendorf aus sowohl mit der Bahn als auch mit dem Auto gut zu erreichen.

Dauer: 2–3 Tage.

Beste Zeit: Ganzjährig. Im Frühling punktet der Marktplatz, im Sommer das Waldschwimmbad, im Herbst die Klatenberge und im Winter die Krippenausstellung.

Ausrüstung: Alles Nötige für eine Übernachtung.

Wenn es Nacht wird: Direkt an den Klatenbergen liegt das Heidehotel Waldhütte in idyllischer, einsamer Lage. Ein gutbürgerliches Gasthaus mit hervorragender Küche, die Münsterländer Spezialitäten bereithält. Hier gibt es auch Tipps für Radtouren und Leihfahrräder (www.heidehotel-waldhuette.de).

STEINREICH

$\geq$ ... in den Baumbergen unterwegs $\leq$

#49

Das Münsterland ist platt? Von wegen! Die Baumberge, bekannt für ihren exzellenten Sandstein, können Kurven vorweisen, die auf und ab verlaufen. Außerdem war die hügelige Landschaft zwischen Wald und Wasserburgen Inspirationsquell für die Dichterin Annette von Droste-Hülshoff. Sie wurde hier geboren.

#Longinusturm #HausRüschhaus #BurgHülshoff #Sandsteinmuseum

→ MINIURLAUB

Um die typische Landschaft der Baumberge zu erleben, sollte man gleich mit einer Wanderung oder Radtour in den Urlaub starten. Wer sich zwischendurch im Café am Longinusturm eine Pause gönnt und die Treppenstufen nach oben nimmt, kann weit über die Hügellandschaft hinausblicken. Besonders schön ist es, wenn der Raps im Mai blüht und man nach einigen Kilometer Wegstrecke plötzlich die hohen Türme des Billerbecker Doms vor sich aufragen sieht (Eskapade #29).

Wer gerne liest, sollte sich ein Buch von Annette von Droste-Hülshoff einpacken und es als Einschlaflektüre nutzen. So macht es am nächsten Tag noch viel mehr Spaß, auf den Spuren der Droste zu wandeln und das Haus Rüschhaus oder die Burg Hülshoff zu besuchen. 1797 wurde Annette auf Burg Hülshoff geboren, ihre berühmtesten Werke wie »Die Judenbuche« schrieb sie im benachbarten Haus Rüschhaus. Beide Orte eint, dass sie zwar idyllisch, mitunter aber düster und unheimlich wirken. Leider sind die Häuser nicht immer ganztägig geöffnet. Doch auch die Wege, die um sie herumführen, sind lohnenswert und eröffnen geheimnisvolle Blicke auf die Burggärten.

Havixbecks Landschaft inspirierte die Dichterin Annette von Droste-Hülshoff, die hier geboren wurde.

Auch bei Regenwetter gibt es einen lohnenden Urlaubsprogrammpunkt: So könnte man im Sandsteinmuseum ein paar Sandsteine behauen und lernen, wie viele berühmte Gebäude von diesem Baumaterial getragen werden (u. a. der Dom von Münster, das historische Rathaus und der Billerbecker Dom). Das Baumberger Sandsteinmuseum liegt in Havixbeck, dort kann man alles zum Thema Sandstein der Baumberge erfahren. Der wird nämlich schon seit 1000 Jahren abgebaut und war seinerzeit ein echter Exportschlager.

Geprägt durch Landwirtschaft und Sandstein: die Baumberge-Region zwischen Billerbeck und Havixbeck.

Wer nach dem Museumsbesuch wieder etwas Bewegung braucht, hat kein Problem. In Billerbeck lockt ein Nordic-Walking-Park die sportlichen Besucher. Drei ausgeschilderte Walkingschleifen in verschiedenen Längen und Schwierigkeitsstufen starten an der Freilichtbühne Billerbeck am Weihgarten.

Hin & weg: Mit der Baumbergebahn RB63 von Münster und Coesfeld aus zu den wichtigsten Orten in den Baumbergen (Haltestelle Havixbeck oder Billerbeck).

Dauer: 2 Tage.

Beste Zeit: Spätsommer, wenn die Felder noch nicht alle abgeerntet sind und Morgennebel für düstere Dichterstimmung sorgt.

Ausrüstung: Nordic-Walking-Stöcke und -Schuhe, ein Buch von Annette von Droste-Hülshoff.

Wenn es Nacht wird: Übernachten kann man auf dem Ponyhof Schleithoff, Herkentrup 4, 48329 Havixbeck (www.ponyhof.de).

Hinweis: Die Baumbergeregion besteht aus den Gemeinden Billerbeck, Coesfeld, Havixbeck, Nottuln und Rosendahl. Sie alle sind verbunden mit Radwegen, Wanderwegen und auch Reitpfaden. Fast jeder Ort hat ein bauliches Kleinod zu bieten. Münster ist nur einen Katzensprung entfernt, und die zentrale Lage mitten im Münsterland ermöglicht Ausflüge in alle Himmelsrichtungen.

FAZIT: IN DEN BAUMBERGEN KANN MAN SICH NICHT NUR AUSPOWERN, SONDERN AUCH AUF LITERARISCHEN SPUREN WANDELN.

MITTELALTER INKLUSIVE

≷ ... im Fachwerkstädtchen Tecklenburg ≶

#50

Ein historischer Stadtkern mit mittelalterlichen Fachwerkhäuschen und die aussichtsreiche Lage auf dem Höhenzug des Teutoburger Waldes – Tecklenburg ist das nördlichste Bergstädtchen Deutschlands und das charmanteste des Münsterlandes.

#Burg #Berg #altundschön #gemütlich

Wie es sich für eine mittelalterliche Stadt gehört, ist der Marktplatz der unangefochtene Mittelpunkt Tecklenburgs. Auch wenn der Brunnen, der hier an zentraler Stelle plätschert, aus den 1970er-Jahren stammt und nicht jedem Bewohner gleichermaßen gefällt, ist hier ein idealer Treff- und Ausgangspunkt für alle Stadtbesichtigungen, Museumsbesuche oder Touren in die hügelige Landschaft des Teutos.

Rund um den Platz herrscht jeden Tag im Jahr gemütliche Ferienstimmung, da die Geschäfte für die Touristen auch am Sonntag geöffnet haben. Im Café treffen sich Radler, Wanderer und Ausflügler. Die Aussichten sind rundum gut, denn ein Fachwerkhaus schmiegt sich ans nächste.

Über eine kleine Treppe gelangt man zur Touristeninformation, die vis-à-vis dem Café am Markplatz liegt und bei der man auch die Flyer zum wunderschönen Wanderweg Hexenpfad (Eskapade #36) bekommt.

Ruhig geht es zu in Tecklenburg. Wenn allerdings die Besucherströme immer dichter werden, könnte es sein, dass auf der Freilichtbühne gespielt wird. Denn Tecklenburg ist nicht nur Luft- und Kneippkurort, es darf sich seit einigen Jahren auch offiziell Fest-spielstadt nennen. Mit seiner Freilichtbühne (2300 Sitzplätze) ist der 9000-Einwohner-Ort ein echter Besuchermagnet. Die Bühne in

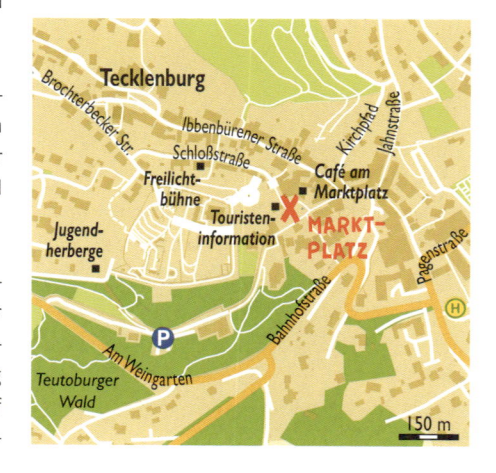

Tecklenburger Traube. Auf dem Burgberg gibt es einen kleinen Weinberg in steiler Terrassenlage. Aus den süßen Trauben werden die Sorten Regent und Müller-Thurgau.

Tecklenburg ist nicht nur das größte Freilichtmusiktheater Deutschlands, sie hat auch sicher eine der schönsten Kulissen. Die Schauspieler und Sänger spielen auf einer Bühne, die in die Burgruine der Burg Tecklenburg integriert ist. Traditionell bringen die Besucher übrigens Sitzkissen, Wein und kleine Leckereien mit. Sie mögen es eben, wie es hier überall ist: entspannt.

Wer sich für Kunst, Kultur und Geschichte interessiert, findet in Tecklenburg einige Museen, Kunsthandwerksgeschäfte oder Ateliers, in denen er sich umschauen kann.

Tipp: Ein Besuch des Puppenmuseums und des Otto-Modersohn-Museums mit einer Landschaftsbildersammlung lohnt sich.

FAZIT: CHARMANTES UND ENTSPANNTES BERGÖRTCHEN MIT VIELEN MÖGLICHKEITEN.

Hin & weg: Mit dem Auto über die A1 oder A30 zum Parkplatz Münsterlandblick, Am Weingarten 25, 49545 Tecklenburg.

Dauer: 1–2 Nächte. Wer wandern oder Rad fahren möchte, sollte besser 2 Nächte einplanen, da es so viel zu entdecken gibt.

Beste Zeit: Im Herbst oder Winter: Dann ist es inmitten der Altstadt besonders gemütlich.

Ausrüstung: Alles Nötige für eine Übernachtung.

Wenn es Nacht wird: Die Jugendherberge direkt neben der Freilichtbühne liegt hoch oben und altstadtnah. Sie ist – natürlich – ein Fachwerkhaus (www.tecklenburg.jugendherberge.de).

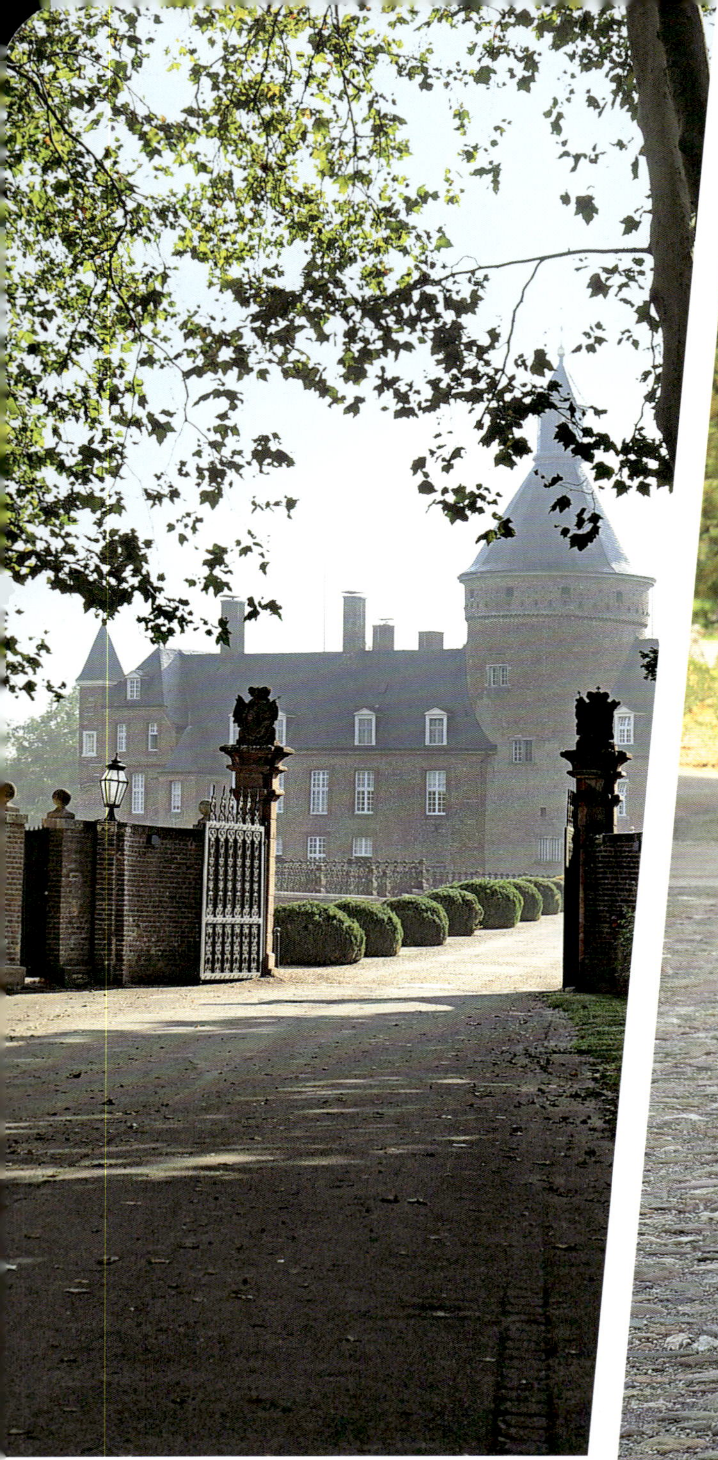

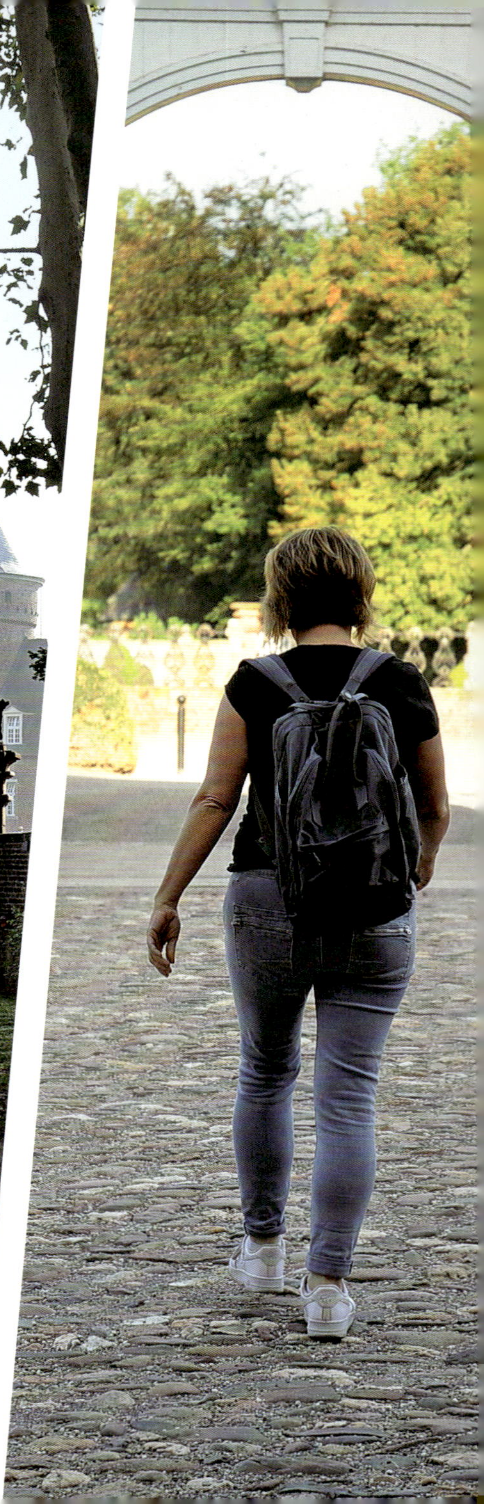

→ MINIURLAUB

PLÖTZLICH PRINZESSIN

... königlich urlauben in Isselburg

#51

Prinzessin oder Prinz für eine Nacht – wer möchte das nicht sein? Wer sich ein Zimmer im Parkhotel der Wasserburg Anholt nimmt, kann sich ein bisschen so fühlen. Doch auch, wer einfach nur zum Schlossanschauen kommt, fühlt sich beim Anblick der eindrucksvollen Burganlage gleich königlich.

#Wildtierpark #Wasserburg #ParadiesfürRadfahrer #Dreiländereck

Isselburg liegt im westlichsten Zipfel des Münsterlandes. Unangefochtenes Highlight ist das Schloss.

und – vor allem – ihrer imposanten Wasserburg Anholt, deren mächtiger Turm aus dem 12. Jahrhundert stammt. Im 14. Jahrhundert und später wurde sie als barocke Residenz ausgebaut. Auch die Gärten des Schlossparks sind im barocken Stil angelegt worden, Skulpturen des Bildhauers Johann Wilhelm Gröniger wurden aufgestellt.

Die Burg ist in Privatbesitz des Fürsten zu Salm-Salm. Es gibt aber die Möglichkeit, das Burgmuseum mit insgesamt über 700 Gemälden von bekannten Künstlern, u. a. mit einem echten Rembrandt (»Diana und Actäon«), zu besichtigen, oder den Schlosspark, der ein Meisterstück der Gartenkunst ist, zu besuchen. Außerdem kann man auf der Wasserterrasse des Romantikhotels eine Pause einlegen und den Blick über die Parklandschaft schweifen lassen.

Der Parkplatz liegt unter gepflegten Platanen im Schatten. Nur ein paar Meter Fußweg Richtung Burg, dann eröffnet sich der Blick auf das imposante Schloss. Dieser Wow-Moment ist besonders schön, wenn die Morgensonne scheint und das Gebäude unter einem sanften Schleier aus Licht liegt. Keine Frage: Die Wasserburg Anholt ist die Nummer eins der Sehenswürdigkeiten von Isselburg, das man erst einmal auf der Münsterlandkarte suchen muss, bevor man begreift, dass es nicht in Holland liegt.

Trotzig ragt dieser kleine westlichste Zipfel des Münsterlandes in die Niederlande und ins Gebiet des Niederrheins hinein. Die Grenzstadt Isselburg liegt im Grünen und präsentiert sich stolz mit ihren Fahrradwegen, dem einzigartigen Biotopwildpark Anholter Schweiz

Angrenzend an den Schlosspark, befindet sich ein Golfplatz. Ebenfalls nicht weit entfernt liegt der Biotopwildtierpark Anholter Schweiz mit seinem legendären Schweizer Häuschen inmitten eines Nachbaus des Vierwaldstätter Sees (Eskapade #31). Auch hier hat ein Fürst zu Salm-Salm seine adeligen Hände im Spiel gehabt und den Park nach seinen Vorstellungen errichten lassen.

Doch auch sonst lohnt sich ein Besuch in Isselburg: Das Radwegenetz ist hier, tief im Westen des Münsterlandes, äußerst dicht geknüpft. Die Wege führen oft über alte Schmugglerpfade und machen das Grenzüberschreiten zu einer ganz einfachen und entspannten Sache.

Wer im Schlosshotel eincheckt, kann den Burggarten mitnutzen und zwischen Skulpturen lustwandeln. Der Park ist 34 Hektar groß, seine Anlage lässt sich bis ins 16. Jahrhundert zurückverfolgen.

FAZIT: EINE SPANNENDE STADT MIT BESONDEREM FLAIR UND EINER BURG, IN DER MAN ÜBERNACHTEN KANN.

Hin & weg: Mit Bus 61 bis Schloss Anholt. Mit dem Auto zum Parkplatz am Schloss, Schloß 1, 46419 Isselburg.

Dauer: 1–3 Tage.

Beste Zeit: Ganzjährig. Im Sommer besticht der Park, im Winter das gemütliche Schlossambiente.

Ausrüstung: Im Hotel kann man Räder ausleihen und sich Picknickkörbe für unterwegs packen lassen.

Wenn es Nacht wird: Für ein echtes Schlosserlebnis kann man sich Zimmer im Parkhotel Wasserburg Anholt mieten. Der Zugang zum schlosseigenen Park ist dann inklusive. Verschiedene Themenarrangements sind buchbar und sorgen für ein zugeschnittenes Urlaubsprogramm (www.schloss-anholt.de).

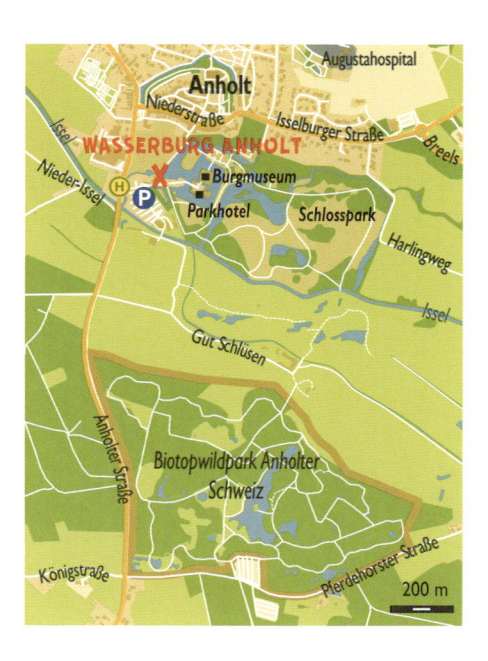

HINTERM HORIZONT

›‹ ... Gronaus grüne Seite entdecken ‹›

#52

Udo Lindenbergs Geburtsstadt nahe der holländischen Grenze ist sehr musikalisch. Das in Europa einmalige Rock'n'Popmuseum und das alljährliche Jazzfestival sind für diesen Ruf verantwortlich. Was dabei oft überhört wird, aber nicht übersehen werden kann: Die Region Gronau ist richtig grün.

#MusikundMoor #Dreiländersee #Inselpark #Amtsvenn

→ MINIURLAUB

Bevor man in die Musikstadt eintaucht, kann man an seinem ersten Urlaubstag dem Gezwitscher unzähliger Vogelarten lauschen. Denn nicht weit von Gronau entfernt liegt ein schönes Moorgebiet, das Amtsvenn. Es ist neun Quadratkilometer groß, in den anliegenden Orten wurde noch Anfang der 1970er-Jahre von den Bauern Torf gestochen. Der Kern des Moores steht seit 1983 unter Naturschutz. Dort kann man die typischen Tiere des Moores antreffen: Knäkente, Krickente, Schwarzkehlchen, Blaukehlchen, Tüpfelsumpfhuhn und den Ziegenmelker. Macht man hier einen ausgedehnten Spaziergang durch die Feldwege, kann es sein, dass man ganz aus Versehen die Grenze in die Niederlande passiert.

Auch sonst ist rund um Gronau viel Natur. Die Region ist geprägt von Landschaftsseen, Flussläufen und Wassertümpeln. Bei so viel Abwechslung machen Touren mit dem Fahrrad, z. B. auf der Dinkelsteinroute, auf der Flamingoroute oder rund um den Dreiländersee, besonders viel Spaß. Wichtig ist es, vorher die Routen genau zu planen, damit man genug Zeit hat durchzustarten!

Wer sich nach dem Tag im Moor oder auf dem Fahrrad mitten in die quirlige Stadt wagt, bekommt eine bunte Mischung, zu der auch Grün gehört. Im Grunde kommt man in Gronau am berühmten Rock'n'Popmuseum gar nicht vorbei – es liegt sehr zentral am Udo-Lindenberg-Platz und ist ein echter Spaßmacher für Musikbegeisterte, die nicht unbedingt auf Klassik stehen. Aber rechts vom Eingang wartet eine Alternative, ein schön gestaltetes Insel-

Schöne Aussichten. Wenn man auf die grüne Rasenpyramide des Parks neben dem Rock'n'Popmuseum steigt, kann man den Blick bis zum Horizont schweifen lassen.

parkgelände mit künstlichem Wasserlauf und zahlreichen Fontänen darauf.

Unübersehbar ist dabei ein Mahnmal, das an verstorbene Kriegssoldaten erinnert. Es handelt sich um eine große Rasenpyramide, auf deren Rückseite man über eine Treppe ganz nach oben gelangt. Der Blick auf den bunten Museumsbau und den Park lohnt es, den Aufstieg auf sich zu nehmen.

Ist man wieder unten, kann man an Ziergärten vorbeischlendern, ein Outdoormischpult bedienen oder einen Kletterparcours im Waldpark absolvieren. Der Park und die Radwanderwege im Grenzgebiet zwischen Deutschland und den Niederlanden entstanden übrigens im Rahmen der länderübergreifenden Landesgartenschau Gronau-Losser im Jahre 2003.

FAZIT: EINE GRENZSTADT, IN DER NATUR UND MUSIK IN GLEICHEM TAKT MITEINANDER HARMONIEREN. EIN MUSS FÜR UDO-LINDENBERG-FANS.

Hin & weg: Mit der Regionalbahn von Münster bis Bahnhof Gronau. Mit dem Auto ist Gronau über die B54 zu erreichen.

Dauer & Strecke: 1–3 Tage. Die eingezeichnete Strecke ist 6,7 km lang.

Beste Zeit: Auch winterfest: Wenn es draußen zu kalt wird, kann man sich im Rock'n'Popmuseum aufwärmen.

Ausrüstung: Fahrrad, Wanderschuhe und Musik im Herzen.

Wenn es Nacht wird: Übernachten kann man im Ferienhof & Landhaus Familie Laurenz, Am Fürstenbusch 20, 48599 Gronau (www.ferienhof-laurenz.de).

SONST NOCH WICHTIG

- FACHWERKHAUS IN TECKLENBURG
- MOORLANDSCHAFT
- DOM ZU MÜNSTER

Ein- und Überblick

Karten für den schnellen Überblick, praktische Tipps, mehr über die Autorin sowie ein Ortsregister zum schnellen Nachschlagen gibt es auf den folgenden Seiten.

GPX-Download	Seite 224
Übersichtskarten	Seite 225
Impressum	Seite 228
Gut zu wissen	Seite 229
Register	Seite 230
Über die Autorin	Seite 231
5 besondere Empfehlungen	Seite 232

GPX-Download aufs Smartphone – so geht's

Voraussetzung:
Eine Outdoor-App muss installiert sein, z. B. KOMPASS, Outdooractive oder komoot. Zum Einlesen des QR-Codes benötigen ältere Android-Geräte eine QR-Code-App. Bei neueren Android- und iOS-Geräten ist diese Funktion in der Kamera integriert.

Daten downloaden:
1. Den QR-Code einlesen oder die Webadresse im Browser eingeben, um auf die Eskapaden-Website zu gelangen.
2. Die gewünschte Tour zum Download anklicken.
3. Bei iOS-Geräten werden die GPX-Daten direkt mit der vorab installierten App verknüpft. Bei Android-Geräten muss ggf. noch ein Weiterleiten-Button geklickt werden (z. B. oben rechts im Display). Manche Apps zeigen den Tourverlauf starr an, andere verfügen über eine Navigationsfunktion.

Tourenverlauf

GPX-Daten zum kostenlosen Download
www.dumontreise.de/eskapaden/muensterland

short.travel/ttglp

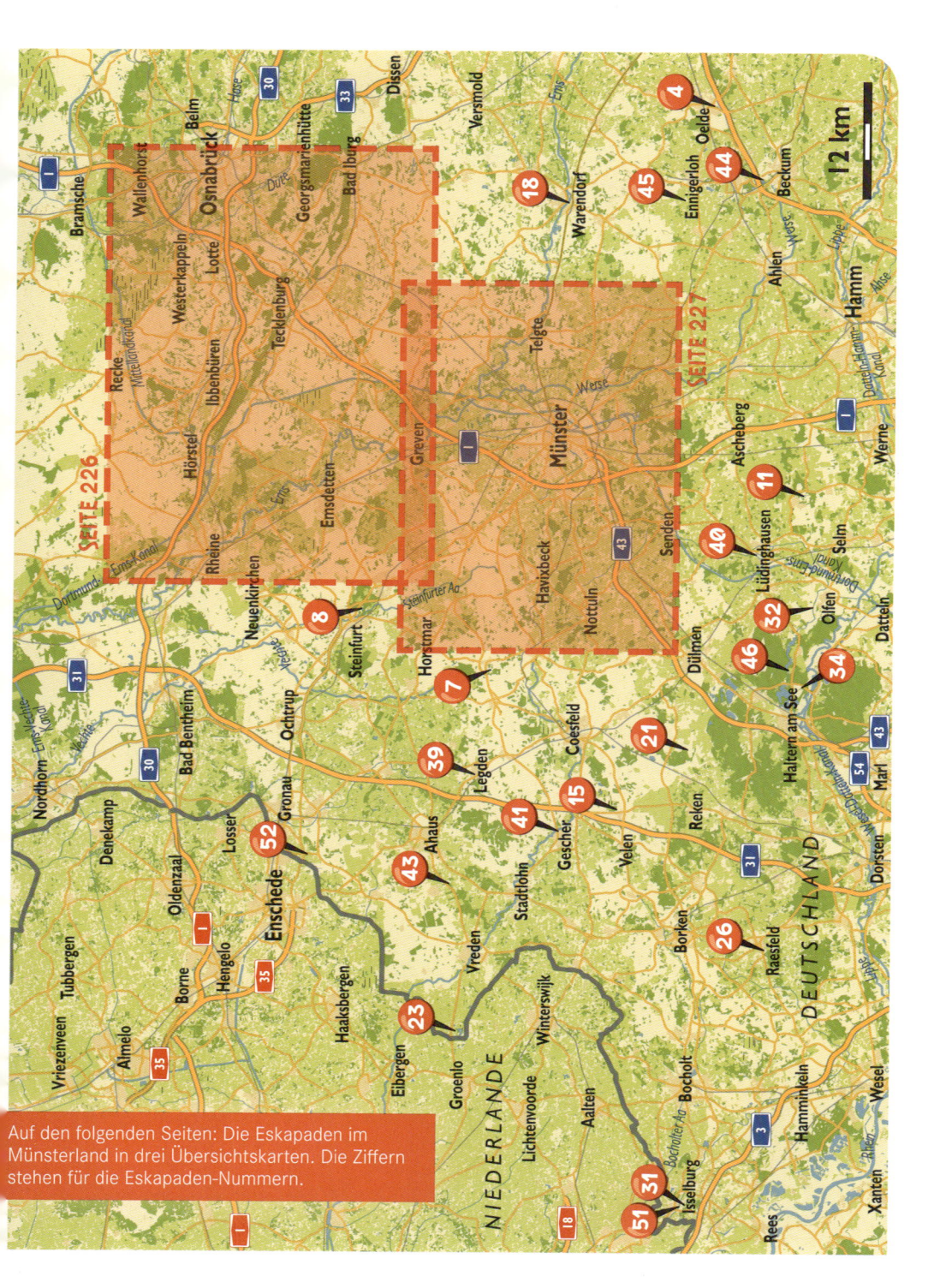

Auf den folgenden Seiten: Die Eskapaden im Münsterland in drei Übersichtskarten. Die Ziffern stehen für die Eskapaden-Nummern.

Wallenhorst
Mettingen
Westerkappeln
Hörstel
Rheine
Ibbenbüren
Laggenbeck
Lotte
Osnabrück
Mesum
Tecklenburg
Lengerich
Hagen am Teutoburger Wald
Georgsmarienhütte
Emsdetten
Saerbeck
Ladbergen
Lienen
Bad Iburg
Greven
Glandorf
Mittellandkanal
Dortmund-Ems-Kanal
Stichkanal Osnabrück
Hase
Nette
Düte
Ems
5 km

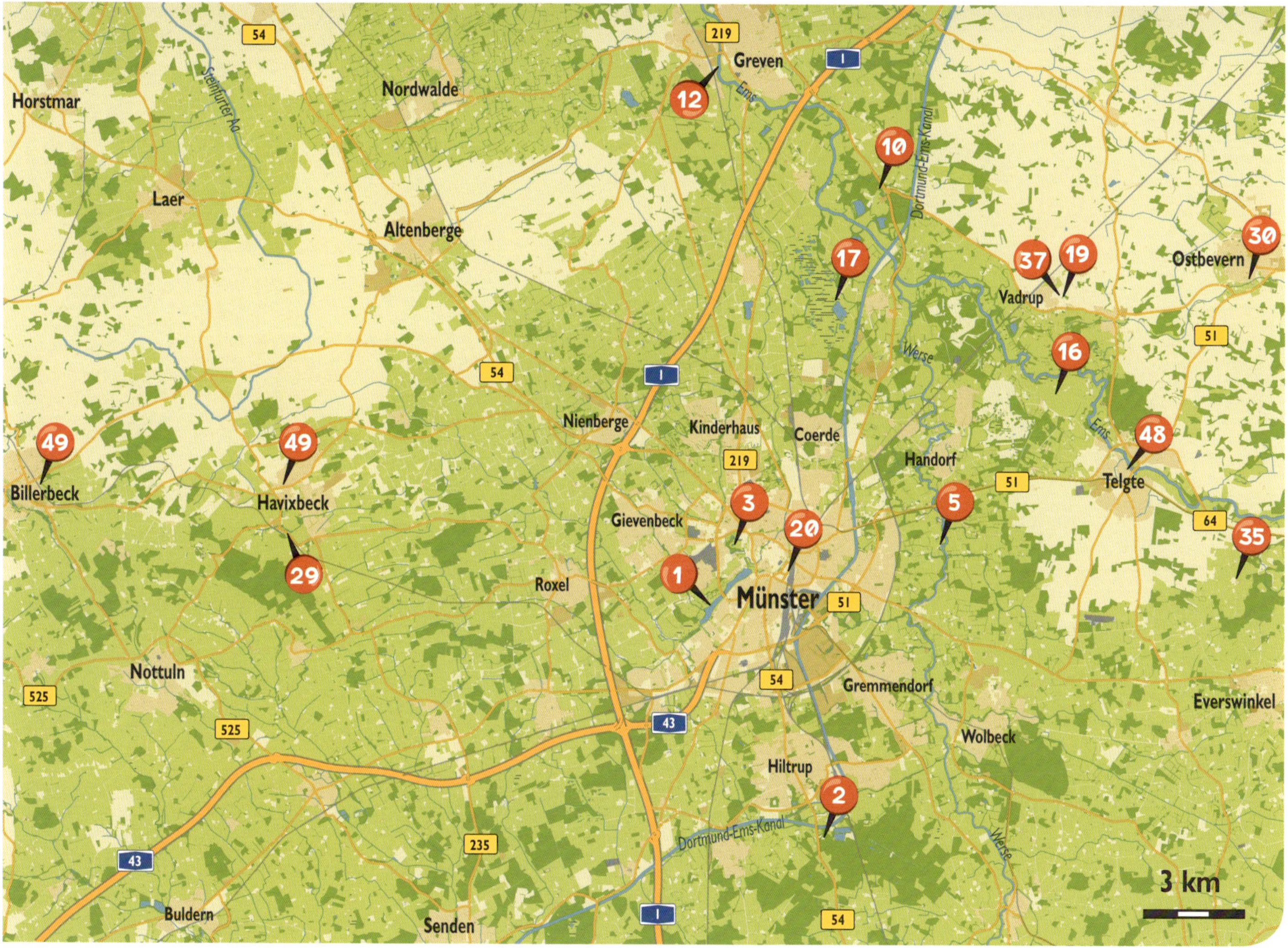
Horstmar
Nordwalde
Greven
Laer
Altenberge
Ostbevern
Vadrup
Nienberge
Kinderhaus
Coerde
Handorf
Telgte
Billerbeck
Havixbeck
Gievenbeck
Roxel
Münster
Nottuln
Gremmendorf
Everswinkel
Wolbeck
Hiltrup
Buldern
Senden
Steinfurter Aa
Ems
Dortmund-Ems-Kanal
Werse
3 km

NOCH MEHR ESKAPADEN ...

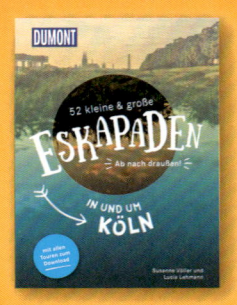

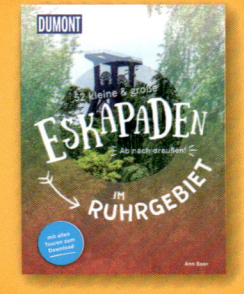

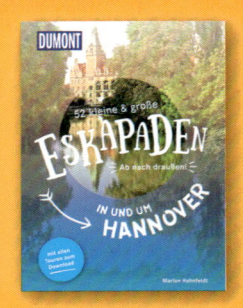

ISBN 978-3-7701-8073-8   ISBN 978-3-7701-8087-5   ISBN 978-3-7701-8096-7

... erhalten Sie im gut sortierten Buchhandel und unter www.dumontreise.de

IMPRESSUM

Reihenkonzept Monique Sorban
Projektmanagement Svenja Heinle
Cover-/Buchgestaltung & Illustrationen Carolin Weidemann, Köln, www.weidemann-design.com
Layout & Satz Sieveking · Agentur für Kommunikation, München, www.sieveking-agentur.de
Lektorat Ute König, Kitzingen, www.besserer-text.de
Texte & Fotos Katrin Jäger, Telgte, www.katrinjaeger.net; mit folgenden Ausnahmen: Biologische Station Zwillbrock (Flamingofoto S. 101), Wikimedia Commons/CC BY-SA 4.0/Stefan Nacke (S. 102 re.), Axel Ebert (Autorenporträts S. 231), mauritius images/imageBROKER (Titelseite)
Kartografie © KOMPASS, Innsbruck, unter Verwendung von Kartendaten von © OpenStreetMap-Mitwirkende, Lizenz CC-BY-SA 2.0

Alle Angaben ohne Gewähr. Alle Rechte vorbehalten. Das Werk einschließlich aller seiner Teile ist urheberrechtlich geschützt und darf weder kopiert, vervielfältigt, nachgeahmt oder in anderen Medien gespeichert werden, noch darf es in irgendeiner Form oder mit irgendwelchen Mitteln – elektronisch, mechanisch oder in anderer Weise – weiterverarbeitet werden.

Printed in Poland

2. Auflage 2021
© 2020 DuMont Reiseverlag, Ostfildern
ISBN 978-3-616-11000-4

www.dumontreise.de

MIX
Paper from responsible sources
FSC® C139602

love
Freiheit.

Weiterlesen

Die Zeitschriften Münster! und Münsterland Magazin haben die Region und die Stadt Münster als Themenschwerpunkt. Hier finden sich auch immer wieder Ausflugstipps und Hinweise zu Restaurants oder Cafés.

Geschmackssachen

Alpenessen trifft aufs Münsterland. Im Wildpark Anholter Schweiz kann man zünftig Wurstsalat essen. Münsterländische Spezialitäten bekommt man in der Waldhütte in Telgte. Am Parkplatz vom Phoenixsee in Beckum kann man frische Äpfel direkt vom Baum pflücken.

Vor Ort im Netz

Nahezu alle Orte, Städte und Dörfer sind in dem Portal www.muensterland.com zu finden. Der Fokus liegt auf dem Tourismus und den Möglichkeiten, die der Besucher vor Ort hat. Weiterführende Links helfen bei der Planung. Außerdem haben nahezu alle Gemeinden eigene Onlineportale, um in die Tiefe zu recherchieren.

GUT ZU WISSEN ...

Sicherheit & Notfälle

Wie überall in Deutschland gilt auch im Münsterland die Notrufnummer 112 für alle Notfälle. In manchen Gegenden helfen Rastbänke bei der Orientierung. Sie sind mit einer Nummer versehen, diese kann den Rettungskräften bei der Standortermittlung helfen.

Ohne Auto

Es sind zwar nicht alle Eskapaden im Münsterland gut mit Bus oder Bahn zu erreichen, aber doch einige. Infos dazu unter www.bahn.de oder www.rvm-online.de

ESKAPADEN-REGISTER ...

Alle Orte mit Seitenverweisen

Aasee 10, 179
Ahaus 165, 176, 183
Aktivpark Phoenix 187
Allwetterzoo Münster 12
Alpaka- und Lamahof
 Münsterland 151
Amtsvenn 219
Anholter Schweiz 133

Bad Iburg 63, 96
Barfußpark Lienen 31
Baumberge 124, 206
Baumwipfelpfad 63, 96
Beckum 187
Bever 83
Billerbeck 124, 209
Billerbecker Dom 127, 208
Biotopwildpark 134, 216
Bockholter Berge 47
Botanischer Garten 18
Burg Hülshoff 207
Burg Vischering 169

Dörenther Klippen 104, 179
Dortmund-Ems-Kanal 60, 156
Dülmen 93

Ems 27, 55, 80, 83, 200, 204
Emsauen 203, 70
Emsdetten 43
Ennigerloh 108, 190

Ferienhof Bettmann 190
Ferienhof Eilers 184
Freeden 97
Fürstenkuhle 67, 176

Gellenbach 48
Gescher 67, 175
Glockenmuseum 176
Greven 49, 55
Gronau 218

Haltern am See 147, 194
Halterner Stausee 196
Haus Langen 84, 159, 205
Havixbeck 124, 208
Heiliges Meer 160, 180
Hermannsweg 98, 105, 122
Hexenpfad 153, 212
Hiltruper See 15

Hochmoor 67, 175
Hockendes Weib 104, 179
Hohe Ward 17
Hullerner Stausee 196

Ibbenbüren 160, 179
Isselburg 215

Jakobsweg 58

Klatenberge 203
Kloster Bentlage 200
Kloster Vinnenberg 131
Kreislehrgarten Steinfurt 41

Ladbergen 58
Legden 165
Lengericher Canyon 121
Lüdinghausen 168

Merfelder Bruch 93
Mittellandkanal 160
Münster 10, 86, 209
Münsters Schloss 18

Naturkundemuseum 12
Naturpark Hohe Mark 194
Naturzoo Rheine 109, 200
Niedringhaussee 116

Oelde 23
Olfen 139
Ostbevern 128

Park Bagno 38
Phoenixsee 188
Pleister Mühle 26, 158

Renaissanceburg
 Lüdinghausen 169
Rheine 199
Rock'n'Popmuseum 218
Römermuseum 195

Saerbeck 141
Saerbecker Badesee 141
Salinenpark Rheine 108
Sandsteinmuseum 208
Schloss Darfeld 35
Schloss Harkotten 130
Schloss Nordkirchen 51

Schmedehausen 58
Schoss Raesfeld 113
Silbersee 195
Sloopsteene 119
Stever 136
Steveraue 136
St. Lamberti 88
St.-Paulus-Dom 88

Tecklenburg 153, 210
Tecklenburger Wald 179
Telgte 158, 203
Teutoburger Wald 31, 63, 98, 130,
 210
Töddenland-Radweg 178
Tuttenbrocksee 187

Überwasserkirche 88

Vierjahreszeitenpark 23
Vierwaldstätter See 216
Vogelschutzgebiet 75
Vreden 103

Waldfriedhof Lauheide 70
Warendorf 78
Wasserburg Anholt 215
Wasserschloss Haus Egelborg 165
Wasserschloss Loburg 129
Werse 26
Westbevern 156
Westbevern-Vadrup 83
Westerberg 124
Westerkappeln 119
Westfälische Wilhelms-Universität 19
Westruper Heide 144, 197

Zwillbrocker Venn 101, 176

KATRIN JÄGER

... über die Autorin

Katrin ist in einem Dorf bei Münster aufgewachsen. Nachdem sie einige Jahre als Redakteurin für eine große Tageszeitung in Berlin gearbeitet hatte, zog sie der Liebe wegen zurück in ihre Heimat. Am Münsterland schätzt sie vor allem die Unaufgeregtheit und Ruhe. Als Krimiautorin, Journalistin und Texterin sitzt sie viel zu oft an ihrem Schreibtisch. Hat sie frei, will sie deshalb immer »raus an die frische Luft, rein in den Wald, ab zum See«. Über gut ausgeschilderte Wander- und Radwege freut sie sich sehr, denn Kartenlesen mag sie nicht so besonders.

⇒ Farbspiel ⇐

Eskapade #34: Still staunt, wer die Westruper Heide zur Blütezeit im Spätsommer erblickt. Bis zum Horizont leuchtet es dann lila und rosa.

⇒ Felslandschaft ⇐

Eskapade #24: Kletterfelsen und schöne Aussichten in die Weite. Die Dörenther Klippen und ihre umliegenden Felsformationen muten schon fast alpin an.

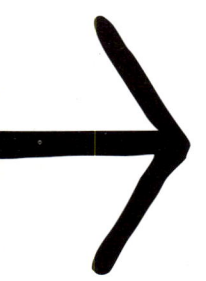

5 BESONDERE EMPFEHLUNGEN ...

⇒ Gartenglück ⇐

Eskapade #45: Lauschige Sitzecken, üppige Blumenarrangements und ein echter Bauerngarten sorgen auf dem Ferienhof Bettmann für eine Komplettentschleunigung neben Bullen, Schweinen und weiten Feldern.

⇒ Spaß pur ⇐

Eskapade #44: Mitten im Beckumer Industriegebiet liegt ein Wasserski- und Wakeboardparadies. Am Tuttenbrocksee trägt man Neoprenanzug und genießt die Beach-Party-Area.

⇒ Wetterfest ⇐

Eskapade #38: Regen ist typisch Münsterland, na und? Wer an einem wolkenverhangenen Tag durch die nasse Moorlandschaft zum Heiligen Meer wandert, erliegt dem düsteren Charme des schlechten Wetters.